Crianças Formidáveis

PLAYGROUND
livros para uma nova consciência

PlayGround é um selo da Editora Ground dedicado ao desenvolvimento do bebê e da criança nas áreas da saúde, alimentação, técnicas corporais, brincadeiras, relaxamento e cooperação.

Pam Schiller e Tamera Bryant

Crianças Formidáveis

Como ensinar os valores básicos e as qualidades que formam o caráter a crianças pequenas

1ª edição
São Paulo / 2017

EDITORA GROUND

© 1998 Pam Schiller e Tamera Bryant

Título original: *The Values Book: Teaching 16 Basic Values to Young Children*,
Gryphon House, Inc.

Tradução e adaptação: *Dinah Abreu Azevedo*
Projeto gráfico, editoração e revisão: *Antonieta Canelas*
Ilustrações: *Cheryl Kirk Noll*
Capa: *DesignCRV*

CIP-BRASIL. CATALOGAÇÃO-NA-FONTE
SINDICATO NACIONAL DOS EDITORES DE LIVROS, RJ

S361c

Schiller, Pam
 Crianças formidáveis: Como ensinar os valores básicos e as qualidades que formam o caráter a crianças pequenas.- 1. ed.- São Paulo : Playground, 2014.
 208 p. : il. ; 23 cm.

 Tradução de: Teaching 16 basic values to young children
 Inclui índice
 ISBN 978-85-7187-234-9

 1. Valores - Estudo e ensino. 2. Educação- Filosofia. 3. Professores- Formação. 4. Abordagem interdisciplinar do conhecimento na educação. I Bryant, Tamera. II. Noll, Cheryl Kirk. III. Título.

14-16795   CDD: 158.1
                CDU: 159.947

22/08/2014   28/08/2014

Direitos reservados:
Editora Ground Ltda.

Vendas e distribuição:
Editora Aquariana Ltda.
Av. Santa Catarina, 619- sala 14 — Vila Alexandria
04635-001 São Paulo- SP
Tel.: (11) 5031.1500
vendas@aquariana.com.br / www.ground.com.br

*Para Rose e Samuel Marotta, mãe e pai de Samuel Marotta Jr.,
por cujo senso de valores tenho a maior consideração.*

Agradecimentos a
Ashley, que me ensinou o significado da lealdade e da compaixão.
Austin, que renovou meu senso se assombro e alegria.
Alyssa, que restaurou a minha fé.
Tia Delsie, que sempre me mostrou a importância do humor,
da autoconfiança e da criatividade.
TB

Sumário

Introdução 11

Compaixão e Empatia 15

Cooperação 25

Coragem 35

Determinação e Compromisso 47

Justiça 59

Solidariedade 71

Honestidade e Integridade 79

Humor 89

Independência e Autonomia 99

Lealdade 109

Paciência 117

Orgulho 129

Criatividade 137

Respeito 149

Responsabilidade 159

Tolerância 171

Introdução

A sociedade está mudando rapidamente. A tecnologia, a nossa estrutura socioeconômica, familiar, industrial e comercial são apenas algumas áreas que se transformaram dramaticamente nos últimos 20 anos. Cada transformação criou – e continua criando – seu próprio efeito cascata. Por exemplo: à medida que conseguimos obter muito depressa as coisas que queremos ou que precisamos, sejam elas um micro-ondas, crédito instantâneo ou informações via internet, ficamos menos pacientes e menos criativos. Não exigimos de nós próprios a prática desses valores. Ouvimos falar da desintegração das famílias ao primeiro sinal de adversidade. O que aconteceu com a nossa capacidade de nos comprometermos?

A verdade é que, em nossa sociedade apressada, nem sempre paramos para pensar em todas as consequências das mudanças culturais que estão acontecendo. Precisamos pensar no futuro, considerar o efeito dos nossos atos. Está na hora de questionarmos nosso sistema de valores. Será que estamos dispostos a abrir mão da paciência, do compromisso, da lealdade e de outros valores que cultivamos tradicionalmente? Se estivermos, o que vamos pôr em seu lugar? Se não estivermos, como iremos transmitir esses valores aos nossos filhos? Que estratégias iremos usar para substituir as estruturas societárias que sustentam esses valores?

Olhando para a história, vemos que foi a paciência, o compromisso, a lealdade e a independência que resultaram na cura da poliomielite, na chegada do homem à lua, na perfeição do transplante de coração, na luz elétrica, na penicilina e no telefone. Está na hora de nos perguntarmos que valores são importantes para o futuro dos nossos filhos e famílias e, depois, de apoiar e incentivar a prática desses valores em nossa vida cotidiana. De quem é a responsabilidade de ensinar os valores a nossos filhos? A responsabilidade é de todos nós. Quer tenhamos consciência, ou não, estamos sempre passando "regras" e precisamos ser mais prudentes. Os valores que incutimos em nossos filhos hoje, amanhã terão um grande impacto na sociedade. Se continuarmos deixando que o ensino de valores seja aleatório, nos arriscamos a perder inteiramente um elemento básico de nossa cultura.

Como usar este livro

O foco de *Crianças Formidáveis* é a abordagem de novas formas de incutir valores tradicionais. Ao citar as circunstâncias de nossa cultura e meio ambiente que estão gerando as mudanças de nosso comportamento, este livro oferece aos pais e professores métodos rápidos e diretos de aumentar a consciência, a compreensão e a experiência prática das crianças em relação a valores básicos. O grau de importância que atribuímos a esses valores pode variar e é possível que alguns leitores prefiram manter um valor em particular e ignorar os outros. Quais valores são importantes para você? Gostaríamos de encorajá-lo a moldá-los, ensiná-los e praticá-los com as crianças que estão sob seus cuidados.

Os capítulos deste livro seguem um modelo fácil de usar: o tratamento dado aos valores inclui definição, ideias para reflexão e discussão, sugestões de atividades e livros que reforçam o conceito de cada valor abordado. Todo capítulo contém atividades e projetos concretos, e de execução simples que promovem o desenvolvimento dos valores nas crianças. Como acreditamos que as crianças também aprendem observando e imitando os adultos, apresentamos ideias e sugestões para estes darem exemplos próprios como estratégia importante.

Introdução aos capítulos: um Poema ou Música e uma Definição

Todo capítulo começa com uma estrofe infantil que reflete a essência da mensagem desse capítulo. É dada uma definição/descrição do valor que está sendo apresentado.

Por quê este valor é importante? Coisas para os adultos pensarem

Esta seção apresenta uma série de declarações cujo objetivo é despertar a reflexão nos adultos. A intenção é ajudar você a compreender como as influências societárias afetam e alteram as oportunidades de cultivar um valor.

São incluídas várias perguntas com mais de uma resposta para ajudar você a refletir sobre a sua própria postura e sentimentos em relação ao valor em pauta. Essas perguntas são perfeitas para ajudar a focar a discussão sobre valores durante as sessões de desenvolvimento do corpo docente, dos retiros, de treinamento em serviço e reuniões de pais e mestres.

Conversas com as crianças sobre cada um dos valores

Nesta seção, o foco são as crianças. Perguntas e declarações simples que fazem sentido para as crianças são apresentadas para desenvolver a compreensão dos aspectos intelectuais e emocionais do valor. Essas perguntas podem ser usadas a qualquer momento ao longo do dia para envolver as crianças na discussão. Elas são particularmente efetivas na hora da conversa em círculo ou em grupo, na hora do lanche e na hora do almoço.

Atividades para a sala de aula

Esta seção contém uma série de atividades que os professores podem propor. Há atividades individuais, bem como para grandes ou pequenos grupos de alunos. Todas dão oportunidades às crianças de praticar comportamentos que levam à formação de um determinado valor. Algumas levam ao cultivo de mais de um valor e, por isso, podem se sobrepor.

O trabalho com a família: ideias para usar em casa

A continuidade entre o lar e a escola é importante, de modo que esta seção contém inúmeras atividades e ideias para os pais usarem em casa como extensão e reforço das experiências de aprendizado dos valores na sala de aula.

Livros para curtir com as crianças

Todo capítulo inclui uma bibliografia de livros infantis que alimentam o valor discutido em cada um deles. A lista de livros pode ser usada tanto pelos pais quanto pelos professores.

Compaixão e Empatia

O que são Compaixão e Empatia?

Quando reconhecemos os sentimentos, pensamentos e experiências dos outros, é natural sentirmos COMPAIXÃO por eles — uma identificação pessoal e um desejo de ajudá-los quando estão com problemas. Por meio da EMPATIA, reconhecemos a nossa própria humanidade nos outros.

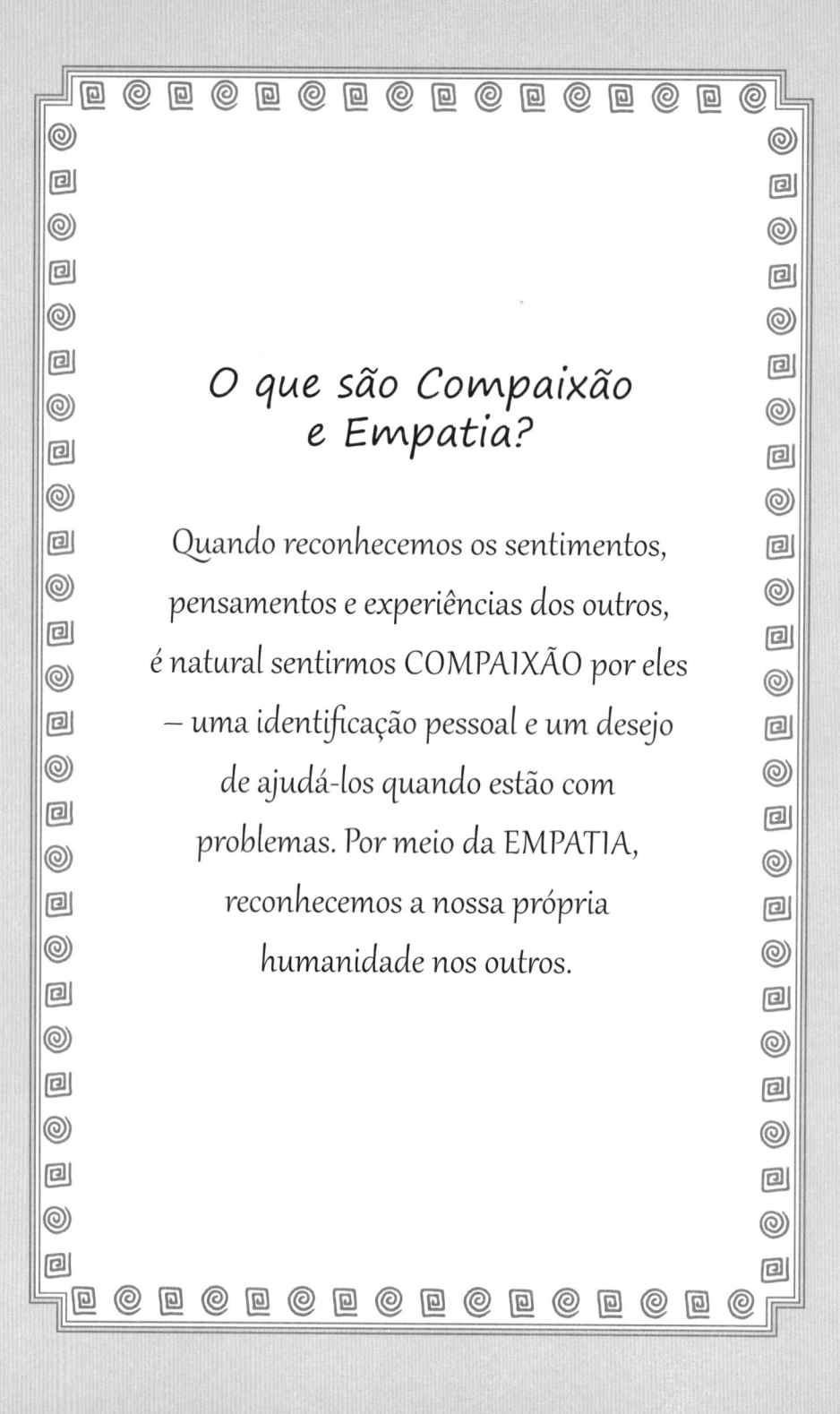

Por quê a Compaixão e a Empatia são importantes?
Coisas para os adultos pensarem

■ A compaixão e a empatia começam a se desenvolver nos primeiros anos de vida. A maior parte dos cientistas acredita que somos biologicamente conectados para ter esses sentimentos, mas precisamos reconhecer e alimentar essa inclinação natural para cuidar dos outros.

> Você já disse alguma vez a uma criança que está com dor de cabeça ou que teve um dia péssimo? As crianças já viram você chorar? O que aconteceu? Você concorda que as crianças pequenas são naturalmente compassivas? Como incentivar essa tendência? Como a desencorajamos?

■ A compaixão e a empatia abrangem o respeito por todos os seres vivos, até mesmo da menor das criaturas sem voz para falar por si.

> Está certo pisar num caramujo? Em que pisar num caramujo é diferente de puxar o rabo de um cachorro? E em que puxar o rabo de um cachorro é diferente de bater em alguém?

■ A violência na televisão e no cinema está sendo acusada de criar uma atitude apática em relação a ajudar os outros na nossa sociedade. As crianças e os adultos estão se tornando indiferentes a cenas de violência que são ao mesmo tempo chocantes e nauseantes. Será que à medida que a violência vai impregnando a nossa sociedade, a nossa capacidade de compaixão vai diminuindo?

> Assista televisão durante vários dias e grave a quantidade de atos violentos que você vê. Consegue se lembrar de uma época em que a violência tinha um efeito mais profundo sobre você? E de quando a violência explícita não era permitida na televisão? Como se sente quando assiste reportagens de violência real – inclusive cenas de guerra – no noticiário da TV?

Conversas com as crianças sobre Compaixão e Empatia

A compaixão e a empatia são valores que precisamos cultivar? Converse com as crianças sobre as perguntas abaixo e veja o que elas pensam.

■ O que significa ser bom para um amigo? Como você se sente quando um amigo é bom para você? O que significa ser bom para os animais?

■ Pense num momento em que alguém machucou você. O que aconteceu? Como se sentiu?

■ O que você acha que acontece quando pisa numa minhoca ou num inseto? Você se dá conta de que a minhoca nunca mais vai comer? Que a sua vida acabou? Todo ser vivo tem um trabalho a fazer e, se você o matar, ele não vai poder concluir o seu trabalho.

■ Faça um *brainstorming** com as crianças para criar uma lista das coisas que você precisa saber para cuidar bem de um bichinho de estimação.

■ Pense num dia em que você estava machucado ou doente. Quem cuidou de você? O que essa pessoa fez para cuidar de você? Você já ajudou a cuidar de alguém? Já ajudou alguém a se sentir melhor?

Desenvolva a capacidade de expressão verbal das crianças e continue sua discussão sobre compaixão e empatia usando as seguintes palavras ao longo do dia:

cuidar	empatia	ajudar	pensamentos
compaixão	experiências	bondade	sentimentos

---

* *Brainstorm* (palavra de origem inglesa), consta no dicionário de língua portuguesa Houaiss como: "técnica de discussão em grupo que se vale da contribuição espontânea de ideias por parte de todos os participantes, no intuito de resolver algum problema ou de conceber um trabalho criativo".

Atividades para a sala de aula

Para crianças de todas as idades

■ Evite cantar músicas isentas de compaixão, como "Atirei o pau no gato" e "Samba Lelê tá doente". Se você cantar essas músicas, empregue-as para iniciar uma conversa sobre os sentimentos dos outros.

■ Em vez de usar uma longa lista de regras, experimente utilizar uma só: "Posso explorar livremente a minha sala de aula desde que não faça nada que machuque a mim mesmo ou aos outros." É incrível, mas essa regra abarca tudo e, muitas vezes, foca os sentimentos.

■ Faça uma série de desenhos de rostos com expressão dos sentimentos em cartões e depois cole-os em placas. Pelo menos duas vezes por semana, apresente situações que exijam que as crianças pensem sobre os seus sentimentos e os sentimentos dos outros. Sempre que for possível, conte fatos da vida real na sala de aula. Por exemplo, se Mariana e Milena estão brigando por causa de um brinquedo, conte uma história em que duas crianças (com nomes diferentes) estavam brigando por causa de um brinquedo. Quando as crianças identificarem o sentimento que a situação evoca, podem apontar o cartão correspondente entre os desenhos das placas. Peça a algumas crianças para explicarem sua escolha. A compaixão e a empatia baseiam-se na compreensão dos nossos próprios sentimentos e na capacidade de transferir essa compreensão para os sentimentos dos outros.

■ Escolha um animal de estimação para a classe e envolva todos os alunos nos cuidados exigidos por ele.

■ Leve as crianças para fazerem caminhadas na natureza. Aponte todas as criaturinhas pequenas que encontrar e discuta como cada uma delas se encaixa no ecossistema.

■ Dê um exemplo de compaixão quando disciplinar as crianças. Respeite sua privacidade. Verifique se está realmente calmo antes de "administrar" uma situação.

■ Visitem uma casa de repouso para idosos. Incentive as crianças a planejarem uma atividade para fazer com eles, ou a levar um trabalho de artes plásticas para dar de presente. Providencie para que as crianças tenham oportunidades de interagir com os residentes. Quando voltarem para a escola, converse com os alunos sobre o passeio. Quantos sorrisos as crianças conseguiram provocar durante a sua visita? Que sentimentos esses sorrisos despertaram nelas?

■ Leve as crianças ao consultório de um médico ou a uma clínica veterinária de um *Pet Shop* com opções de entretenimento.

Atividades para crianças mais velhas

■ Quando as crianças machucarem alguém ou se envolverem em brigas, ajude-as a perceber como suas palavras e atos afetam os outros. Auxilie-as a se tornarem pacificadores. Pode usar a sugestão seguinte: as crianças devem sentar-se e ouvir a versão da história de ambos os lados, e todas devem fazer sugestões para os coleguinhas chegarem a um acordo; depois, uma das sugestões é escolhida e experimentada. O processo continua até as crianças se sentirem satisfeitas ou, no mínimo, melhor.

■ Faça uma quermesse com outras classes ou escolas e deem o dinheiro angariado para uma instituição de caridade. Convide as crianças a trabalharem juntas para decidir como vão doar esse dinheiro. Talvez elas possam fazer sua doação pessoalmente. Deixe-as verem onde e como o seu dinheiro é usado.

■ Nomeie um Comitê da Compaixão (duas ou três crianças). Faça um Broche da Compaixão para cada membro. Peça ao comitê para observar seus colegas: quando um dos membros vir alguém sendo bom ou compassivo, deve oferecer o seu broche a essa pessoa. Os novos usuários dos broches devem descobrir outras crianças compassivas e continuar a passar os broches adiante.

■ Incentive as crianças a contar uma história de outro ponto de vista como, por exemplo, do ponto de vista do animal de estimação da classe (um coelhinho, um hamster etc.). Como o animal de estimação gostaria de ser cuidado? Como se sentiriam se fossem esse animal? O que o animal de estimação acrescenta à sua classe?

Compaixão e Empatia

O trabalho com a família: ideias para usar em casa

Atividades para crianças de todas as idades

■ Dê exemplo de respeito por todos os seres vivos. Pegue insetos inofensivos que entram em casa e solte-os ao ar livre. Evite pisar nos insetos de propósito. Colha somente o número de flores que realmente precisa, ou a quantidade de frutas que realmente usa.

■ Empregue compaixão ao disciplinar. Lembre-se, todos merecem um aviso e todos cometemos erros. Use uma voz bondosa e moderada e veja se o castigo está de acordo com a falta.

■ Discuta sentimentos de compaixão com seus filhos. Se ficar triste com alguma notícia, converse com eles sobre esse sentimento.

■ Use programas de TV como pontos de partida de discussão para compreender e respeitar os sentimentos dos outros. A programação infantil da televisão está cheia de exemplos – positivos e negativos.

■ Incentive seus filhos a ajudarem a conseguir doações para instituições de caridade.

■ Tenha adesivos de estrelas em casa. Quando alguém da família fizer algo de bom para outro, dê-lhe uma estrela como condecoração.

Atividades para crianças mais velhas

■ Leve seus filhos para trabalhar numa cozinha comunitária. Estimule-os a fazerem doações de brinquedos e roupas.

■ "Adote" uma criança. Muitos hospitais, abrigos e agências de adoção organizam programas para crianças carentes.

■ Se você tem mais de um filho, converse com eles sobre sua ordem de nascimento. Como é ser o mais velho? Qual é a vantagem dessa posição? E a desvantagem? Como se sente em relação aos irmãos e irmãs? Se o seu filho é único, pergunte-lhe como se sente por isso.

Livros para curtir com as crianças

Leia livros que ilustrem e incentivem a compaixão e a empatia. Procure em sua biblioteca pública ou livraria local alguns daqueles sugeridos aqui. Cada um deles oferece oportunidades de discutir os resultados de ser sensível aos sentimentos dos outros.

A magia do amor, Sonia Salerno Forjaz
O passarinho me ama, Joyce Dunbar
Frajola e sua paixão, Francisco Aurélio Ribeiro
O sapo apaixonado e a chaleira choradeira, Adriano Messias

Cooperação

O que é Cooperação?

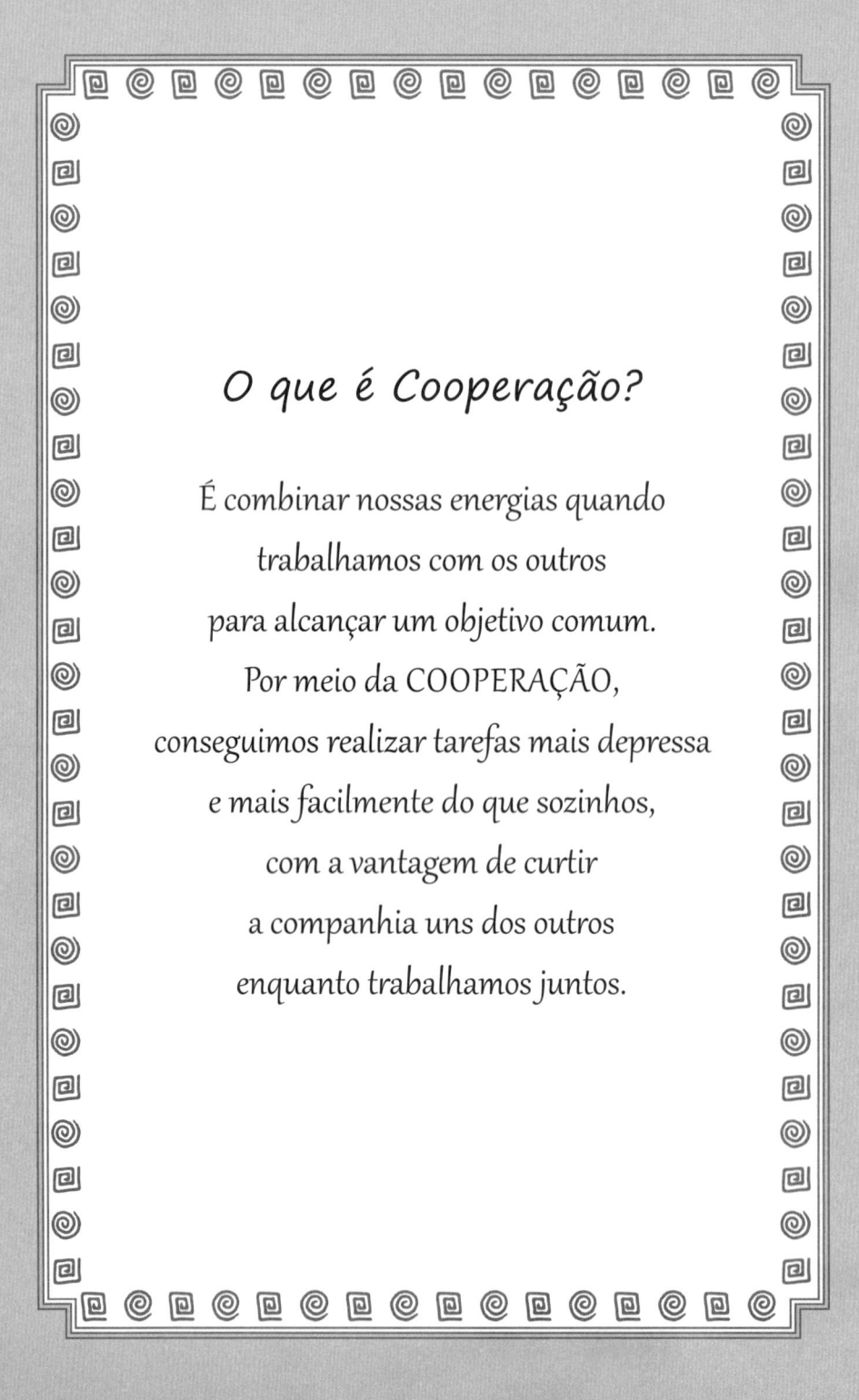

É combinar nossas energias quando
trabalhamos com os outros
para alcançar um objetivo comum.
Por meio da COOPERAÇÃO,
conseguimos realizar tarefas mais depressa
e mais facilmente do que sozinhos,
com a vantagem de curtir
a companhia uns dos outros
enquanto trabalhamos juntos.

Por quê a Cooperação é importante? Coisas para os adultos pensarem

■ Até recentemente, os bairros eram mais interdependentes. As pessoas precisavam umas das outras. Visitavam-se, faziam consórcios entre si para comprar carros e cuidavam dos filhos e das casas umas das outras.

Qual foi a última vez que um vizinho lhe pediu ajuda? E que você pediu ajuda a um vizinho?

■ À medida que passamos de uma cultura agrária para uma cultura industrial e desta para uma cultura comercial e eletrônica, a forma de interagirmos uns com os outros também mudou. Deixamos de trabalhar lado a lado em linhas de montagem e hoje, graças à tecnologia da informação, trabalhamos em casa ou em outros ambientes, mas isolados de nossos colegas.

Isso significa que não precisamos uns dos outros? A cooperação é mais fácil ou mais difícil agora?

■ A tecnologia deu-nos asas, mas é dicotômica. Conforme nos libera para sermos independentes, ela nos liga a um grupo ainda maior de pessoas. Estamos nos tornando uma comunidade global – conectados e interdependentes de um grupo novo e diversificado de pessoas.

Elabore uma lista com as crianças mostrando exemplos de cooperação tecnológica entre os países.

■ Os melhores resultados são aqueles obtidos por meio dos esforços de muitos. Precisamos combinar tipos de personalidade, talentos e bases de conhecimento para atingirmos o máximo de produtividade. Os seres humanos precisam interagir com outros seres humanos. Por meio da cooperação, aprendemos a fazer concessões, a negociar e a dividir o que temos.

Pense na última vez em que você trabalhou num projeto de grupo. O que aprendeu com ele?

Conversas com as crianças sobre Cooperação

A cooperação é um valor que precisamos cultivar? Converse com as crianças sobre as perguntas abaixo e veja o que elas pensam.

■ Que coisas você e seus amigos fazem juntos? Que jogos são mais divertidos quando você os joga com os amigos?

■ Com crianças pequenas, cante (ou invente com elas) uma música que fale em fazerem coisas juntos. Converse sobre as inúmeras atividades que as crianças fazem em conjunto na sala de aula ou com membros da família em casa. Observe as diferenças entre fazer as coisas sozinho e trabalhar como parte de um esforço grupal.

■ Que tarefas você faz em casa ou na escola que precisam de ajuda?

■ Pense numa tarefa que cada membro individual de sua família faz em casa. O que aconteceria se uma única pessoa tivesse de realizar todas as tarefas? Será que sozinha daria conta do recado?

■ Faça um *brainstorming* com as crianças para criar uma lista de coisas que você não consegue fazer sozinho.

Desenvolva a capacidade de expressão verbal das crianças e continue sua discussão sobre cooperação usando as seguintes palavras ao longo do dia:

companheirismo	amigos	trabalho de equipe
compromisso	ajuda	junto
cooperação	parceria	juntos
esforços	compartilhar	

Atividades para a sala de aula

Para crianças de todas as idades

■ Prepare um mural. Coloque nele pinturas com o nome de todos os artistas.

■ Proponha brincadeiras colaborativas:

AO MESMO TEMPO — Amarre as pontas de um pedaço de corda bem comprido (de 30 cm a 45 cm por criança), para fazer um círculo. As crianças devem agarrar a corda e tentar ficar de pé. Talvez seja melhor elas praticarem primeiro em grupos pequenos antes de passar para a classe.

PASSAR UM BISCOITO CIRCULAR — Peça às crianças para ficarem de pé, em círculo (se forem muitas, divida-as em grupos de 5 ou 6). Dê um pauzinho para cada uma (pode ser daqueles que os japoneses usam para comer). Entregue apenas a uma delas um biscoito circular. O desafio é passar o biscoito por todo o círculo usando apenas os pauzinhos. Você pode usar qualquer objeto circular para essa atividade.

Cooperação

LENÇOL DE MOEDAS – Encha uma bandeja de plástico com água. Ponha uma moedinha de 10 centavos no centro. Dê uma moedinha de 10 centavos a cada uma das crianças e peça-lhes para jogarem cada uma a sua na água, uma de cada vez. O objetivo é cobrir completamente a bandeja com as moedinhas.

■ Faça algumas brincadeiras onde não existam vencedores nem perdedores:

A DANÇA DAS CADEIRAS COOPERATIVAS – Disponha as cadeiras em círculo, uma para cada criança, e coloque um som. Quando a música parar, cada criança deve se sentar numa cadeira. Depois da primeira rodada, retire uma ou duas cadeiras. Na brincadeira tradicional, a criança que não consegue um lugar sai e leva uma cadeira. Ganha o último a ficar. Da próxima vez que a música parar, as crianças devem encontrar uma forma de todas se sentarem, mesmo sem cadeiras suficientes. Por exemplo, duas delas podem dividir uma cadeira, podem também juntar cadeiras para conseguir um espaço maior (onde três crianças podem ocupar duas cadeiras, ou sentar no colo umas das outras). Continue retirando cadeiras toda vez que a música parar. E continue a brincadeira enquanto houver um lugar para todos quando a música terminar.

LEVANTAR-SE DE COSTAS
– Peça às crianças para escolher um companheiro. As duplas devem sentar no chão de costas uma para a outra. Conte até três e, no três, as duplas devem tentar ajudar o companheiro a ficar de pé, mantendo as costas juntas e empurrando o corpo contra o outro.

TAREFAS COM AS PERNAS AMARRADAS – As crianças devem escolher um companheiro e ficar lado a lado com sua dupla. Use tecidos macios para amarrar a perna direita de uma à perna esquerda da outra. Peça às duplas para caminhar, pular, patinar, engatinhar ou correr. Elas não vão conseguir se não trabalharem juntas. Você pode sugerir variações, como amarrar cotovelos ou mãos e pedir às duplas para tentarem pintar, varrer o chão, lavar pratos ou realizar atividades de sala de aula juntas.

CORRIDA DE REVEZAMENTO COM UMA BOLA GRANDE – Divida a classe em grupos de quatro ou cinco crianças. Dê a cada grupo uma bola grande. Defina as linhas de Partida e Chegada no chão com fita crepe. O objetivo da brincadeira é um membro de cada equipe levar a bola da linha de Partida até a linha de Chegada e voltar. O problema é que dois membros da mesma equipe não podem movimentar a bola do mesmo jeito. Cada equipe deve resolver como cada membro vai movimentar a bola (carregá-la, chutá-la, batê-la no chão, equilibrá-la na cabeça etc.). Depois, conte até três e dê a partida.

■ Arrecade dinheiro para instituições de caridade:

Faça uma exposição de artes plásticas num lugar público: um jardim, na calçada etc. Peça a todas as crianças para fazerem uma pintura e depois vendê-la e doar o dinheiro. Se as pinturas forem emolduradas, aumenta a probabilidade de serem vendidas. Você também pode contatar uma empresa ou uma associação comercial e pedir para fazerem a exposição e vender as pinturas no seu espaço.

Faça uma quermesse. As crianças devem planejar as barraquinhas e cuidar da produção, providenciando os prêmios, a decoração etc. Convide os vizinhos do bairro a participar. Venda ingressos e doe o dinheiro arrecadado a uma instituição de caridade.

■ Faça uma sopa de legumes com as crianças (veja uma receita de sopa pp.52-53). Cozinhar é uma experiência maravilhosa de esforço cooperativo. Incentive as crianças a participar, cada uma do seu jeito –

lavando os legumes, medindo, pondo as cenouras na panela, mexendo a sopa etc.

■ Mostre figuras de pessoas trabalhando e brincando juntas. Discuta as atividades mostradas nas figuras.

■ Convide um grupo de idosos para ajudar e participar de atividades em sala de aula. Esse tipo de interação incentiva as crianças a trabalharem em equipe e a cooperar com diversos grupos.

■ Peça a um grupo de crianças mais velhas para visitar sua sala de aula e ensinar alguma coisa a seus alunos. Amarrar os cadarços é uma lição e tanto.

■ Faça um projeto de trabalho em grupo, como cuidar de um animal de estimação da classe, limpar uma determinada área da sala ou cuidar de um jardim.

■ Organize um passeio que seja também uma coleta de lixo reciclável (pode ser em volta da escola ou em uma área do bairro).

Atividades para crianças mais velhas

■ Ensaie uma peça de teatro. Ela exige muito esforço cooperativo na hora de fazer a produção – definir o elenco, conseguir acessórios, fazer os figurinos e os cenários. Convide crianças de outras classes ou os pais para serem o público.

■ Faça um projeto de troca com outra escola (pode ser troca de correspondência, ou de pinturas), um teatro de marionetes conjunto ou até a participação conjunta na quermesse ou na exposição das artes plásticas descritas.

O trabalho com a família: ideias para usar em casa

Atividades para crianças de todas as idades

■ Faça um jardim de flores, ou uma horta de ervas ou legumes. Decidam juntos o que será responsabilidade de cada um (plantar, aguar, arrancar as ervas daninhas ou colher). Divida as tarefas. Conversem frequentemente sobre o desenvolvimento do jardim ou da horta, sobre o fato de pertencerem a todos e sobre os motivos pelos quais a participação conjunta no trabalho de cuidar do jardim ou da horta é tão importante.

■ Façam uma receita culinária juntos. Peça a seu filho para ajudar a peneirar, cortar, picar, mexer e servir a comida (ver pp.52-53, onde há receitas para vocês experimentarem).

■ Brinquem de Esconde-Esconde Cooperativo. Esse jogo precisa da participação de toda a família e pode incluir também alguns amigos. Na brincadeira tradicional escolhe-se uma criança para procurar aqueles que se irão esconder, nesta versão, em vez do escolhido procurar

Cooperação

quem se esconde, ele se esconde e os outros o procuram. Ele deve se esconder num lugar bem grande, onde caibam todos os membros do grupo, porque, à medida que cada participante acha o escolhido, deve também ficar no esconderijo. Continuem até todos estarem juntos no esconderijo.

■ Faça um gráfico com as tarefas domésticas que precisam ser feitas para manter a casa em perfeito estado de funcionamento. Reúna toda a família e distribuam juntos as tarefas entre todos os membros ou equipes. Use adesivos ou canetas esferográficas para mostrar a execução de cada tarefa. Alterne as tarefas toda semana ou todo mês, para que os membros da família tenham uma visão completa da variedade das tarefas domésticas.

Livros para curtir com as crianças

Leia livros que ilustrem e incentivem a cooperação. Procure em sua biblioteca pública ou livraria local alguns daqueles sugeridos aqui. Cada um deles oferece oportunidades para discutir os resultados de trabalhar junto com os outros.

Futebol é alegria, Cristina Von
A festa do macaco, Mario Vale
O quarto de Lucas, Alba de Castro Toledo
O reino encantado, Guido Visconti

Coragem

O que é Coragem?

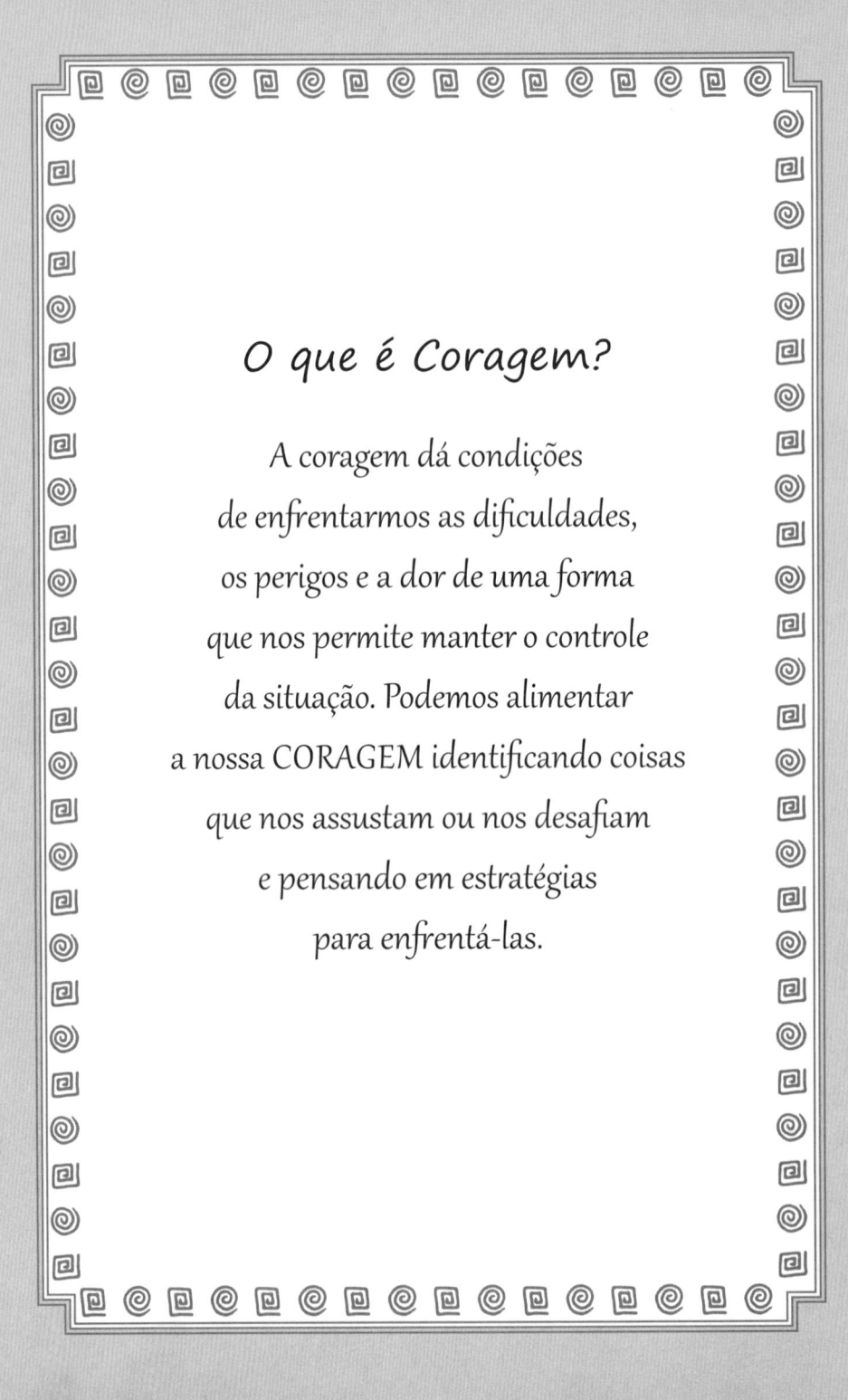

A coragem dá condições
de enfrentarmos as dificuldades,
os perigos e a dor de uma forma
que nos permite manter o controle
da situação. Podemos alimentar
a nossa CORAGEM identificando coisas
que nos assustam ou nos desafiam
e pensando em estratégias
para enfrentá-las.

Por quê a Coragem é importante?
Coisas para os adultos pensarem

■ Quando a vida era mais simples, temíamos menos coisas. Hoje, muitas crianças têm medo de sair de casa, de ir à escola, de lutar contra a pressão de seus iguais. A nossa sociedade é violenta. Os desafios são grandes e por vezes parecem insuperáveis. As crianças não têm condições de construir lentamente as estratégias que as levarão a ser corajosas.

Assista o noticiário da noite. Faça uma lista das reportagens que envolvem crianças e violência.

■ Muita gente curte a onda de adrenalina gerada pelo medo. Aumentamos o grau de intensidade para satisfazer nossa necessidade de excitação. Pense nos filmes de horror da década de 1930 e naqueles feitos hoje. A que ponto podemos chegar?

Faça uma lista das formas como nossa sociedade explora os nossos medos. Como você acha que isso afeta nossas atitudes relativas ao medo e à capacidade das crianças de desenvolverem estratégias para enfrentá-lo?

■ Todos os seres humanos sentem medo, o problema é como enfrentá-lo. O medo pode nos imobilizar, mas também pode nos motivar. Nossa imaginação pode exagerar o medo, permitindo que ele nos controle, mas nossa mente também pode nos ajudar a controlá-lo.

Pense num momento em que sentiu medo. Como você reagiu? Você se acalmou antes de agir? Qual foi o resultado da situação? Aprendeu alguma coisa sobre si mesmo com essa experiência? E sobre a causa do seu medo?

■ Muitas vezes, o medo está na base de muitas de nossas ações e reações. Pense na inveja, por exemplo. Na verdade, não seria ela o medo de não estar à altura de uma situação, ou de não ter o necessário? E a raiva, não seria ela gerada pelo medo da perda?

Pense numa situação de raiva ou inveja que você testemunhou. Consegue identificar os sentimentos que levam ao medo? Se consegue, entende a importância de evocar a coragem necessária para superar o medo?

■ Até a década de 1950, em geral, as pessoas criavam os filhos da mesma forma como tinham sido criadas – como adultos em miniatura. Duas situações perpetuaram essa prática – a falta de compreensão do processo de desenvolvimento das crianças e uma infância reduzida por causa do trabalho e das responsabilidades, que começavam muito cedo.

Depois da Segunda Guerra Mundial, começou uma nova era de prosperidade e as famílias tiveram mais condições de prover os filhos do que elas próprias tiveram quando crianças. Junto com essa nova capacidade veio a noção de que é necessário protegê-los e evitar que sofram. As crianças tiveram condições de viver, pela primeira vez, a inocência da infância.

Mas proteger os filhos e evitar que sofram pode não ser a melhor solução para eles. Quando as crianças sentem medos de tamanho mirim, conseguem construir aos poucos algumas estratégias para enfrentá-los. Os medos da infância fazem parte do desenvolvimento.

Pense em algumas coisas que assustavam você quando era criança. Que estratégias usou para enfrentar seus medos nessa época? Que medos você tem agora? Que estratégias usa agora para enfrentá-los?

Conversas com as crianças sobre Coragem

A coragem é um valor que precisamos cultivar? Converse com as crianças sobre as perguntas abaixo e veja o que elas pensam.

■ Pense num momento em que você sentiu medo. Do que você sentiu medo? O que você fez? Vai sentir medo da próxima vez?

■ Você acha que os adultos estão sempre com medo? Peça aos adultos para descreverem um momento em que tiveram medo. O que fizeram?

■ O medo é uma coisa boa? Ele às vezes não garante a nossa segurança? Consegue se lembrar de um medo que tenha acabado se revelando uma coisa boa?

■ Pense em estratégias para enfrentar o medo, como assobiar, fazer um desenho ou pintura do que assusta você. Em quantas estratégias você consegue pensar para enfrentar o medo?

Desenvolva a capacidade de expressão verbal das crianças e continue sua discussão sobre coragem usando as seguintes palavras ao longo do dia:

amedrontado	coragem	perigo	estratégia
destemido	controle	medo	
desafio	enfrentar	imaginação	

Coragem

Atividades para a sala de aula

Para crianças de todas as idades

■ Incentive as crianças a conversar sobre seus medos. Muitas vezes, verbalizar é o suficiente para acalmar o medo. Procure ajudar as crianças a identificar as diferenças entre medos reais e imaginários.

■ Crie oportunidades lúdicas que permitam às crianças expressar os seus medos. Muitas acham as marionetes um instrumento maravilhoso para expressar seus sentimentos.

■ Dramatize histórias que tenham o medo como um de seus temas. Deixe as crianças inventarem estratégias diferentes para enfrentar a causa de seu medo, seja ela qual for. Um exemplo, no conto *Os três porquinhos*, o primeiro e o segundo correm para a casa do terceiro porquinho quando sentem medo. O que mais eles poderiam ter feito? E *O Chapeuzinho Vermelho*? O que ela poderia ter feito em relação ao Lobo Mau?

■ Chame a atenção para os atos de coragem que acontecem na sala de aula, na literatura e nas reportagens do noticiário da TV (aqueles que as crianças conseguem reconhecer). Discuta a fonte do medo e as atitudes tomadas pelas pessoas que estavam com medo.

■ Tenha em mente as capacidades e limitações das crianças para ter condições de desafiar cada uma delas individualmente. Se Estela está subindo numa árvore e você sabe que ela pode ir mais alto, incentive sua exploração. Se Mateus está lutando para chegar até onde Estela chegou sem dificuldade, ajude-o a ganhar confiança antes de se aventurar no alto. Lembre-se de que a confiança faz parte da coragem.

■ O conhecimento diminui o medo porque aumenta a compreensão. Se Gisele tem medo de insetos, introduza uma lição sobre essas criaturinhas. Se Milena tem medo de sombras, dê uma aula sobre o tema.

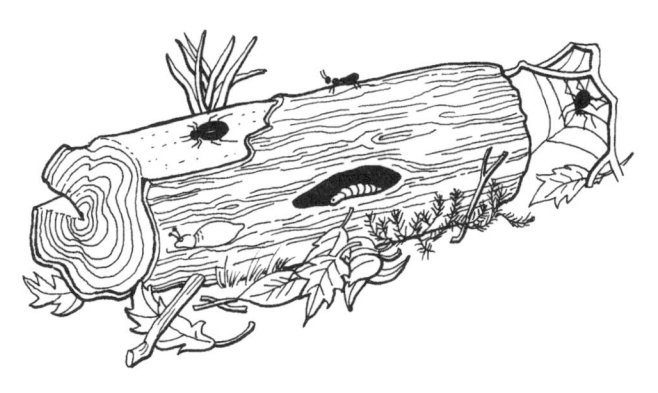

■ Para resistir às provocações e suportar a pressão dos colegas, as crianças precisam de coragem. Um sólido senso de identidade vai lhes permitir ver o lado engraçado da situação, sair fora ou ignorar o provocador ou a pressão dos amigos. Concentre-se em lições que promovem a autoestima, como discutir o respeito pelas diferenças individuais, explorando e validando sentimentos e praticando a resolução de problemas e a capacidade de fazer boas escolhas. É bom explicar às crianças que elas não podem controlar os outros, mas podem controlar a sua reação aos outros.

O trabalho com a família: ideias para usar em casa

Atividades para crianças de todas as idades

■ Dê exemplos de coragem. Deixe seus filhos verem você tentar uma nova atividade física bem difícil, como escalar uma montanha ou esquiar. Você também pode tentar algo menos físico, como defender aquilo em que acredita. As crianças herdam de nós muitos de seus medos, mas herdam também a nossa maneira de enfrentá-los.

■ Seja honesto com seus filhos. Quando sentir medo, diga a eles, mas sem assustá-los. Não deixe de lhes contar o que está fazendo para sentir menos medo. Escolha um medo que você gostaria de superar, como o medo de andar de avião, ou medo de altura, e dê passos nesse sentido.

■ Chame a atenção para atos de bravura, aqueles que acontecem na sua família e no bairro.

■ Não ridicularize o medo das crianças. Muitos adultos gostam de fazer piada para diminuir o medo, mas, em geral, o ridículo só faz o medo aumentar. Os medos imaginários das crianças podem parecer bobos aos olhos dos adultos, mas são tão reais para elas quanto os medos sentidos por qualquer adulto.

■ Quando as crianças expressarem medo, ajude-as a pensar numa maneira de enfrentá-lo. Por exemplo, se o Samuel tem medo de trovão, ele pode procurar um adulto com quem ficar até a tempestade passar, ou tocar uma música para abafar o barulho do trovão. Segue uma lista de alguns medos típicos da infância, junto com estratégias para ajudar as crianças a superá-los:

Separação – deixe um objeto seu com seu filho, para garantir que você vai voltar.

Papai Noel – não obrigue seu filho a se aproximar do Papai Noel, não o empurre na direção do bom velhinho.

Médicos e dentistas – faça uma visita de cortesia primeiro, para seu filho se acostumar com o ambiente. Faça biscoitos e leve para seu médico ou dentista.

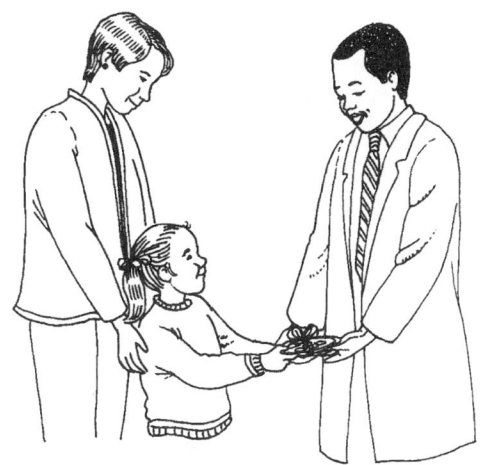

■ Quando perceber que as crianças têm medos específicos que o conhecimento pode ajudar a superar, dê-lhes esse conhecimento. Um exemplo, se Luís tem medo de água, matricule-o num curso de natação. Se Isadora se assusta com o som do ar condicionado quando este é ligado, mostre-lhe o botão e deixe-a ver que ele não pode lhe fazer mal.

■ Às vezes, as crianças têm medo de coisas que são difíceis ou impossíveis de explicar. Por exemplo, explicar que o choque de massas de ar quente com massas de ar frio cria o trovão pode não ter muito sentido para uma criança pequena. Dizer que monstros não existem pode não diminuir o medo de uma criança que "sabe" que um deles está embaixo da sua cama. Quando as informações e explicações não são apropriadas, para ajudar a diminuir o medo envolva a criança em exercícios imaginários divertidos para enfrentá-lo. Veja alguns exemplos:

Para o medo de monstros embaixo da cama, dê à criança um Borrifador contra Monstros (água).

Para o medo de trovão, peça às crianças para ajudarem você a inventar uma história sobre a fonte do barulho, como gigantes jogando boliche nas nuvens.

■ Ajude as crianças a defender aquilo em que acreditam e elogie-as quando fizerem isso. Por exemplo: Se as crianças virem ou ouvirem outros ridicularizando ou provocando um colega, incentive-as a não se "juntarem ao coro", ou até mesmo a se levantar e protestar contra. A pressão dos pares é uma coisa difícil de enfrentar. Elogie as crianças quando elas resistirem.

Atividades para crianças mais velhas

■ Dê exemplo de fidelidade às suas convicções. Por exemplo: Se você é a favor dos direitos dos animais e fica sabendo que uma empresa cujos produtos você usa faz testes de laboratório com eles, pare de usar esses produtos – mesmo que mudar de marca seja desagradável ou menos conveniente. Escreva ou telefone para a empresa "antiga" e informe-a de que você não vai mais comprar seus produtos. Explique a seus filhos, da maneira mais simples possível, o que você está fazendo, e porquê. A coragem de suas convicções nem sempre é tão fácil de exercer quanto seria de se esperar.

■ Ajude as crianças a defender aquilo em que acreditam. Por exemplo: Se elas se preocupam com o meio ambiente, incentive-as a procurar o diretor e propor-lhe um plano de reciclagem para toda a escola. É preciso coragem para enfrentar uma autoridade e implementar mudanças. Diga às crianças o quanto se orgulha delas por defenderem suas convicções.

Livros para curtir com as crianças

Leia livros que ilustrem e defendam a coragem. Procure em sua biblioteca pública ou livraria local alguns dos títulos apresentados aqui. Todos oferecem oportunidades de discutir o enfrentamento do medo.

Uma princesa assim pequenininha, Beatrice Masini
Búkolla, a vaca encantada, Sonia Salerno Forjaz
Barulhinhos do Silêncio, Sonia Salerno Forjaz
A cobra banguela, Guido Heleno
Alguns medos e seus segredos, Ana Maria Machado
Fábrica de monstros, Rosa Amanda Strausz

Determinação e Compromisso

O que são Determinação e Compromisso?

O COMPROMISSO prende-nos a nossos ideais,
a nosso trabalho e uns aos outros.
É nosso voto de nos mantermos fiéis
àquilo em que acreditamos e fazemos,
e a apoiar e sermos leais a
nossos familiares e amigos.
A DETERMINAÇÃO permite-nos
alcançar nossos objetivos.

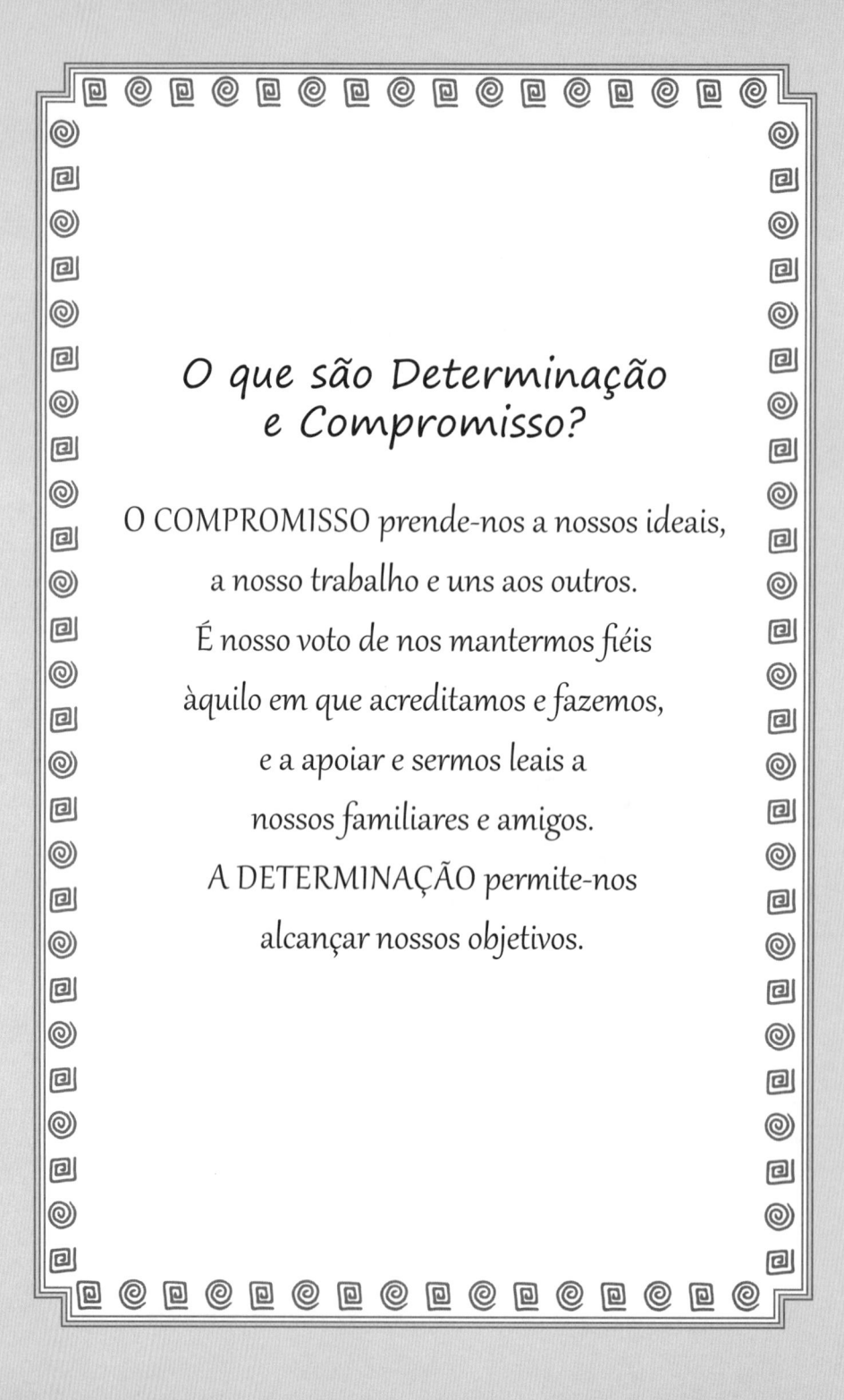

Por quê a Determinação e o Compromisso são importantes? Coisas para os adultos pensarem

■ Determinação e compromisso criam o elo de ligação entre amizades. Permitem-nos manter um amigo apesar das dificuldades, discórdias e desilusões.

Pense em seus amigos. Como se sente quando discordam? Você busca uma solução? Por quê?

■ A determinação e o compromisso possibilitam-nos alcançar nossos objetivos. Não haveria telefone, nem esperança para crianças com poliomielite, nem aulas para crianças pequenas sem o compromisso e a dedicação daqueles que conseguiram se manter fiéis a seus objetivos apesar do tédio, das dificuldades e retrocessos que seus compromissos com seus sonhos exigiram.

Que sociedade seríamos sem um Alexander Graham Bell, uma Maria Montessori ou um Thomas Edison em nosso futuro?

■ Nós nos tornamos uma sociedade do "jogar fora". Quando um brinquedo quebra, jogamos fora. Quando um emprego fica difícil, pedimos demissão. Trocamos rapidamente brinquedos e empregos (e, às vezes, relações afetivas) por outros novos e, depois, repetimos o ciclo.

Faça um brainstorming *para criar uma lista dos efeitos colaterais de sermos uma sociedade do "jogar fora". Como você se sente a respeito de cada um deles?*

■ A determinação e o compromisso permitem-nos manter o foco. Quando estamos determinados a ser honestos, temos menos probabilidade de mudar de atitude ou de direção quando surge uma oportunidade de sermos desonestos.

Como se sente a respeito do roubo? Há ocasiões em que você acharia certo roubar?

Conversas com as crianças sobre Determinação e Compromisso

Determinação e compromisso são valores que precisamos cultivar? Converse com as crianças sobre as perguntas abaixo e veja o que elas pensam.

■ Procure lembrar-se de uma época em que trabalhou em alguma coisa que levou muito tempo para ficar pronta. Como se sentiu ao terminar? Feliz? Orgulhoso?

■ O que significa ser amigo de alguém? Um amigo é alguém com quem se pode contar?

■ Você pertence a algum grupo de dança ou natação? Já aconteceu alguma vez não querer ir à aula? O que houve quando você foi e viu que o seu amigo não tinha ido? O que sentiu?

■ Pense num jogo que gostava de brincar com seus amigos. Alguém já desistiu de jogar antes de a partida terminar? Como você se sentiu?

Desenvolva a capacidade de expressão verbal das crianças e continue sua discussão sobre determinação e compromisso usando as seguintes palavras ao longo do dia:

vínculo	conclusão	decepção	retrocessos
carinho	decisão	objetivos	
compromisso	determinação	progresso	

Atividades para a sala de aula

Para crianças de todas as idades

■ Pesquise e cante músicas que enfatizem o conceito de manter-se fiel aos próprios objetivos.

■ Incentive as crianças a terminar os projetos que começaram. Por exemplo, elas devem conseguir montar um quebra-cabeças pelo menos uma vez antes de deixá-lo de lado; construir ao menos uma estrutura com os blocos antes de abandoná-los; jogar uma partida de um jogo antes de permitir que o vencedor vá embora.

As crianças precisam aprender que os projetos exigem planejamento desde o início e que, uma vez tomada a decisão de começar um projeto, terminá-lo faz parte do processo. Em nossos esforços para oferecer opções às crianças, perdemos de vista, de certo modo, que as opções têm resultados e consequências. Se permitimos que as crianças abandonem um projeto antes de completá-lo, elas nunca vão sentir o orgulho e a satisfação que acompanham terminar aquilo que começaram.

■ Crie projetos que exijam vários passos para serem terminados. As crianças devem concluir a sua parte em cada projeto.

Deixe as crianças cuidarem de um bicho de estimação da classe, como um filhote de coelho. Elas devem dividir as responsabilidades de cuidar do animal, exatamente como vão dividir a satisfação de tê-lo na sala de aula.

Proponha um projeto de alimentação. Talvez você queira preparar uma panela de sopa ou um pão de forma.

SOPA DE LEGUMES

> *Ingredientes:*
>
> 3 tomates médios
> 3 cenouras
> 3 talos de aipo com as folhas
> 1 cebola média
> 3 batatas médias
> 300 g de ervilhas sem casca
> 3 xícaras de água (750 ml)
> 1 colher de chá de sal (5 ml)
> 3 cubos de caldo de carne

Utensílios:

- 1 tábua de cortar legumes
- 1 descascador de legumes
- 1 faca para cortar legumes e 1 faca de mesa
- xícara e colheres de medidas-padrão
- 1 colher grande
- 1 panela grande
- tigelas e colheres de sopa

Modo de fazer:

1. Lavar, descascar e picar os tomates. Colocá-los na panela.
2. Lavar, descascar e cortar as cenouras em rodelas, acrescentando-as à panela.
3. Lavar, picar e acrescentar o aipo.
4. Lavar, descascar, cortar e acrescentar a cebola.
5. Lavar, descascar, cortar e acrescentar as batatas.
6. Lavar as ervilhas e acrescentá-las à panela.

7. Acrescentar as 3 xícaras de água.
8. Acrescentar o sal.
9. Acrescentar os 3 cubos de caldo de carne.
10. Ligue o fogo, deixe ferver durante meia hora, mexendo a sopa de vez em quando. Quando estiver pronta, sirva nas tigelas.

PÃO DE FERMENTO BIOLÓGICO SECO

Ingredientes:

1-2 colheres de sopa de fermento biológico seco (15-30 ml)
1/3 de xícara + 1 colher de chá de mel (75 ml + 5 ml)
água morna
1 colher de chá de sal (5 ml)
1/3 de xícara de óleo (75 ml) para a massa e um pouco mais para untar as formas
6 xícaras de farinha de trigo integral (1,2 kg), suplementadas, se necessário, para dar ponto à massa

Utensílios:

- 1 tigela pequena
- colheres e xícaras de medidas-padrão
- tábua grande ou mesa limpa
- 2 formas de assar pão
- 2 tigelas grandes
- colheres de pau
- toalha de prato limpa
- forno

Modo de fazer:

1. Na tigela pequena, misturar o fermento, 1 colher de chá de mel e ½ xícara de água morna. Deixar a mistura descansar até começar a formar bolhas – aproximadamente 10 minutos.

2. Em uma das tigelas grandes, misturar 1 ½ xícaras (37,5 ml) de água morna, 1/3 de xícara de óleo, 1/3 de xícara de mel e sal.

3. Derramar a mistura de fermento na tigela grande e mexer com 3 xícaras de farinha de trigo integral. Misturar bem e continuar acrescentando mais farinha até a massa ficar bem firme e soltar das mãos (é provável que vá precisar de mais 3 xícaras de farinha).

4. Retirar a massa da tigela e colocá-la em cima de uma tábua grande ou de uma mesa enfarinhada e começar a sovar, empurrando a massa com firmeza com a base do polegar e toda a parte inferior da mão, dobrando-a e repetindo a operação até a massa ficar lisa e elástica.

5. Colocar numa tigela untada, cobrir com um pano de prato limpo e deixar crescer no parapeito de uma janela ensolarada ou outro lugar quente até ela dobrar de tamanho (cerca de 45 minutos).

6. Retirar a massa da tigela e sovar de novo com firmeza. Dividi-la ao meio para fazer dois pães de forma ou 24 pãezinhos (aproximadamente) em forma de rolo. Cobrir e deixar crescer durante mais 20-30 minutos.

7. Assar à temperatura de 180^0 durante 45-50 minutos os pães de forma e 20 minutos os rolinhos.

Nota: Pode deixar a massa crescer uma vez – ou nenhuma – (pulando os passos 5 e 6) se quiserem comer como lanche no mesmo dia. É só fazer bolinhas com a massa e colocá-las numa assadeira untada. Asse em seguida e você terá pãezinhos quentes e frescos em 20 minutos. Espere esfriarem um pouco antes de comer.

■ Adicione um projeto inacabado à caixa do centro de artes plásticas. Incentive as crianças a juntarem seus projetos numa pasta e guardá-la na caixa, para voltarem a eles no dia seguinte.

■ Apresente como exemplo para as crianças um projeto seu, como tricô, bordado, pintura, costura ou carpintaria. Discuta como desenvolveu o projeto do começo ao fim. Não deixe de falar dos retrocessos ou decepções que enfrentou. Se mostrar o projeto em estágios diferentes, as crianças podem assistir à progressão e à obra acabada.

O trabalho com a família: ideias para usar em casa

Atividades para crianças de todas as idades

■ Quando os brinquedos quebrarem, tente consertá-los. Se não for possível, procure usar os pedaços para outra coisa. Tente não jogar fora e simplesmente substituí-los.

■ Mostre determinação e compromisso em tudo o que fizer. Trabalhe em seus projetos, mantenha-se concentrado em seus objetivos e enfrente os retrocessos com determinação. Nossas atitudes falam mais alto que as palavras.

■ Deixe as crianças resolverem seus problemas. Você pode ouvir e dar conselhos se elas pedirem, mas elas precisam praticar a descoberta de alternativas, a seleção de uma opção, a tentativa de pôr as coisas em prática e a avaliação de seu êxito. Muitas vezes, não se ater a um compromisso é, na verdade, desistir em face de um problema.

Faça perguntas sem resposta certa às crianças para ajudá-las durante o processo.

Você poderia me explicar o problema?
De que formas você acha que poderia resolver o problema?
Do que vai precisar para resolver o problema?
O que vai fazer se a solução não funcionar?
Como vai saber se o problema foi resolvido?

■ Quando houver discórdia entre membros da família, incentive-os a negociar uma solução pacífica antes de intervir. Por exemplo: se dois irmãos estão discutindo sobre qual programa de TV assistir, peça-lhes para encontrar uma solução. Eles podem alternar ver os seus programas prediletos, um escolhendo hoje e o outro amanhã ou fazer um acordo em troca de algo que querem assistir mais tarde. Podem gravar o programa de um canal e assistir o programa do outro. A vontade de resolver os problemas mostra o compromisso que um tem com o outro.

■ Reserve um horário com o qual toda a família possa se comprometer e crie um ritual ou momento especial com a família, que pode ser jantarem juntos num dia específico da semana, ou assistir vídeos e comer pipoca na sexta-feira à noite, ou jogos de tabuleiro no sábado à tarde.

Atividades para crianças mais velhas

■ Quando as crianças se inscrevem em uma atividade como dança, ou natação, faça o possível para manter o envolvimento deles até surgir um motivo razoável ou lógico para abandoná-la. Por exemplo, eles podem entrar para um clube e depois achar que não gostam dele; nesse caso, insista para eles ficarem pelo menos um semestre. Às vezes, insistir muda a reação inicial. Verifique as instituições locais – como clubes da prefeitura e outros – para saber que atividades elas oferecem.

■ Quando as crianças começarem um projeto, seja a construção de um forte ou escrever uma carta para os avós, insista para que o terminem.

■ Quando as crianças fracassarem num projeto, ajude-as a avaliar o que deu errado.

O olho foi maior que a barriga?
O projeto era ambicioso demais para eles?
Começaram sem planejamento?
Não verificaram os recursos de que dispunham?

Livros para curtir com as crianças

Leia livros que ilustrem e incentivem a determinação e o compromisso. Procure em sua biblioteca pública ou livraria local alguns daqueles sugeridos aqui. Cada um deles oferece oportunidades de discutir os resultados de levar a cabo os seus projetos.

O rei do vou fazer, Sonia Salerno Forjaz
Futebol é alegria, Cristina Von
O torcedor verde-amarelo, Zoé Rios
A festa do macaco, Mario Vale
O quarto de Lucas, Alba de Castro Toledo

Justiça

O que é Justiça?

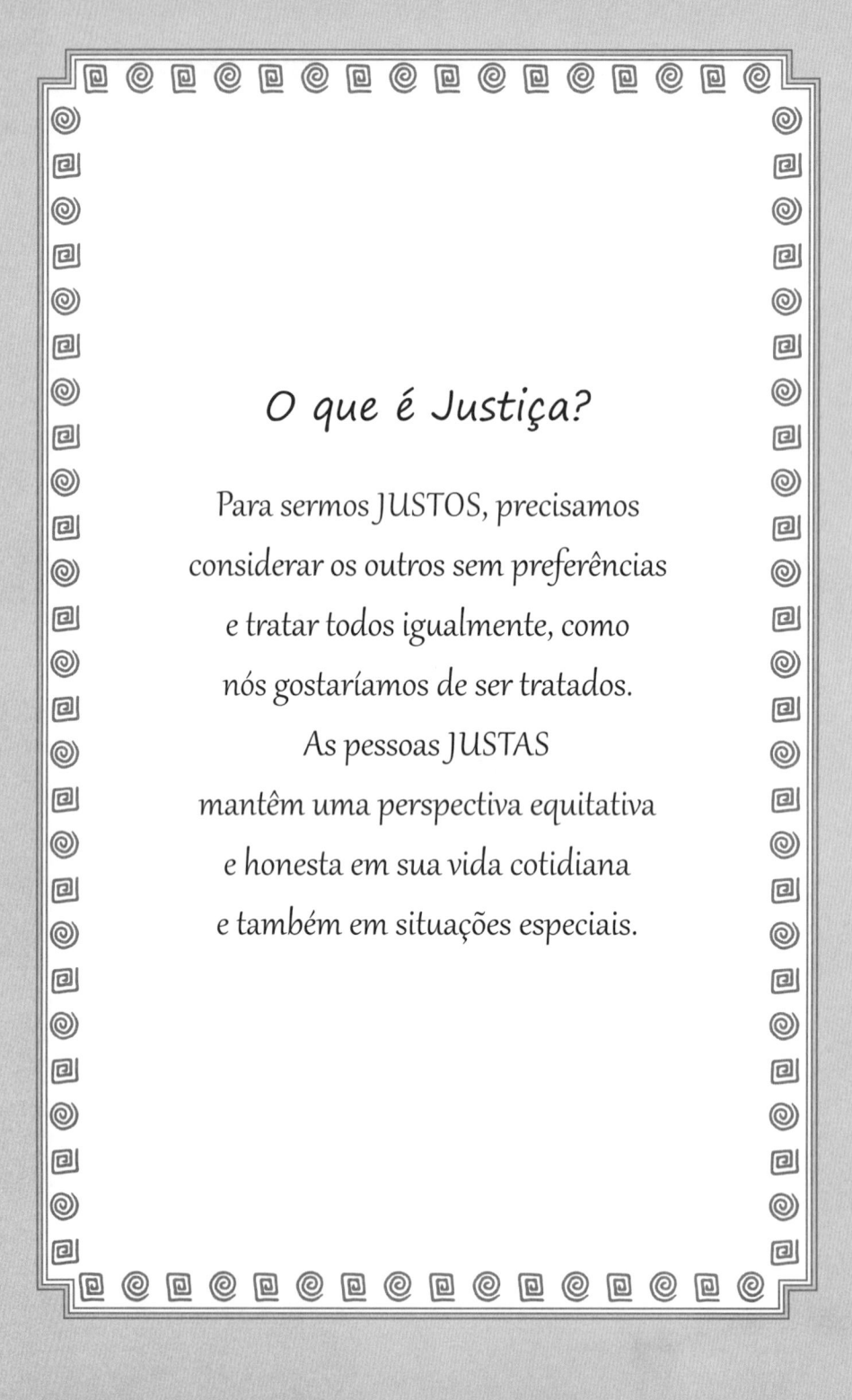

Para sermos JUSTOS, precisamos
considerar os outros sem preferências
e tratar todos igualmente, como
nós gostaríamos de ser tratados.
As pessoas JUSTAS
mantêm uma perspectiva equitativa
e honesta em sua vida cotidiana
e também em situações especiais.

Por quê a Justiça é importante?
Coisas para os adultos pensarem

■ A Regra de Ouro – tratar os outros como você gostaria de ser tratado – baseia-se no princípio da justiça.

A Regra de Ouro era importante para você quando era criança? Qual foi a última vez que você aplicou essa regra de forma consciente?

■ As circunstâncias podem criar injustiça. Digamos que você faz uma entrevista para conseguir um cargo, e outro candidato – menos qualificado, mas amigo do chefe – fica com a vaga. Você sentiria que foi tratado com justiça?

Faça uma lista das situações e circunstâncias de sua vida que resultaram em injustiça. Pense num momento em que você tomou uma decisão ou agiu de uma forma que não se baseava em aplicar as regras de maneira equitativa.

■ A justiça pode ser uma questão controvertida e até mesmo volátil. Com pessoas de muitas culturas e passados diferentes que tentam viver juntas e dividir os recursos disponíveis, não é raro haver grupos que se sentem discriminados. Esse protesto contra a discriminação nasce da sensação de estar sendo tratado injustamente.

Pense em situações recentes onde um grupo afirmou estar sofrendo discriminação. Você consegue ver a origem de seus sentimentos em questões de justiça?

■ A compreensão que as crianças têm de justiça é muito diferente daquela dos adultos. As crianças veem as coisas em preto e branco, enquanto a maioria dos adultos consegue enxergar variações de preto e branco (cinza).

Por exemplo, a regra da classe é que as crianças podem se sentar onde quiserem durante a hora do círculo, mas você sempre pede a André para se sentar ao seu lado na hora do círculo de histórias, porque a experiência lhe diz que, se ele não estiver perto de você, vai aprontar. André considera essa situação injusta porque é obrigado a ocupar um lugar enquanto as outras crianças podem escolher onde querem se sentar. Por outro lado, as outras crianças também consideram a situação injusta porque André sempre se senta ao lado da professora.

Você tem um bom motivo para alterar a regra; mas, se não explicar esse motivo às crianças, elas vão entender a sua atitude como arbitrária e injusta. Quando fazemos exceções às regras, devemos explicar o motivo, para as crianças aprenderem a ampliar o seu conceito de justiça.

> *Como você resolveria essa situação, de modo que tanto André quanto as outras crianças considerem justo o arranjo dos lugares? Você permitiria que André aprontasse antes de lhe pedir para se sentar ao seu lado?*

■ Quando as crianças agem de maneira desafiadora, em geral é por perceberem algo como injusto. Por exemplo, uma criança da classe que é repreendida constantemente, antes mesmo de se fazer uma avaliação para identificar as partes responsáveis numa determinada situação, sente-se perseguida. Uma criança que divide o espaço com um bebê novinho em casa muitas vezes se sente abandonada e posta de lado. Essas crianças podem se comportar mal por frustração.

> *Você já foi tratado injustamente algum dia? Como se sentiu? Como reagiu?*

■ As regras deviam se basear em situações e circunstâncias individuais, ou devem ser sempre as mesmas para todos? Como explicar as diferenças sobre a hora de dormir entre uma criança mais velha e seu irmão menor? As regras devem ser as mesmas para meninos e meninas?

Se você cresceu entre seus irmãos, lembra-se de como as regras eram estabelecidas em sua família? Você as considerava justas? Sua opinião mudou depois de se tornar adulto?

■ Uma forma eficaz de uma criança aprender a fazer justiça é pela observação e prática de esportes. Uma das primeiras coisas que aprendemos no esporte é que jogar limpo e saber perder são mais importantes do que vencer. Nos últimos tempos, tivemos exemplos de substituição dessa filosofia pela atitude de vencer a qualquer custo. Pouco antes de um Campeonato Mundial de Beisebol, um jogador foi repreendido por cuspir no rosto de um juiz. As regras exigiam a suspensão imediata, mas, como o jogador estava num dos times que iam disputar a partida final, a Comissão de Beisebol adiou a suspensão para depois do Campeonato.

Você acha que as pessoas deviam fazer de conta que não estão vendo quando seguir as regras significa perder o jogo? Que conclusões você acha que as crianças tiram desse tipo de comportamento?

■ As pessoas fazem julgamentos e tomam decisões com base em suas preferências e preconceitos. Muitas vezes, a culpa ou inocência de alguém suspeito de ter cometido um crime é decidida antes do início do julgamento. Muitos de nós formam opiniões sobre a capacidade mental, moral e física dos outros com base apenas em sua raça, gênero, etnia ou modo de vida.

Você já esteve algum dia numa situação em que sentia que os outros o julgaram sem conhecê-lo? Se o resultado foi negativo, você pensa que foi injusto? E se tivesse sido positivo, você continuaria achando que foi injusto?

Justiça

Conversas com as crianças sobre Justiça

A justiça é um valor que precisamos cultivar? Converse com as crianças sobre as perguntas abaixo e veja o que elas pensam.

- O que significa ser justo?

- Você sente que é tratado com justiça em casa? E na escola? Como se sente quando alguém o trata injustamente?

- Converse sobre o quanto é gostoso dividir as coisas com nossos amigos e nos tratarmos uns aos outros com justiça ou equidade.

- Você acha certo trapacear para ganhar um jogo? Por que sim? Por que não? Você acharia certo alguém trapacear você para vencê-lo num jogo?

- Você acha justo que as crianças mais velhas fiquem acordadas até mais tarde e façam mais coisas que as crianças menores? Por que sim? Por que não?

Desenvolva a capacidade de expressão verbal das crianças e continue sua discussão sobre justiça usando as seguintes palavras ao longo do dia:

justiça	desonesto	igualdade	injusto
honestidade	equidade	injustiça	
trapaça	justo	regras	

Atividades para a sala de aula

Para crianças de todas as idades

■ Crie oportunidades para as crianças praticarem a alternância.

Use um gráfico para ajudar a identificar os deveres atribuídos a cada um.

Defina os horários e prazos para troca de materiais e equipamentos. Proponha jogos que exijam alternância dos participantes.

■ Proponha brincadeiras com regras simples, como Esconde-Esconde e Cabra-Cega.

■ Deixe as crianças definirem as regras da classe. Ajude-as a manter a lista pequena e simples. Depois que elas fizerem suas sugestões, veja se podem ser resumidas em uma única regra geral, como "Não faça nada que machuque a você mesmo ou a qualquer outro". Peça às crianças para testarem suas sugestões individuais em relação àquela única regra geral. Pergunte se cada uma delas dá certo, se é justa. Quer vocês tenham uma única regra, quer tenham muitas, procure que elas sejam seguidas e impostas de maneira justa e consistente.

■ Observe as crianças que agem de maneira desafiadora. Se você tem crianças contestadoras, procure fazer com que elas expressem seus sentimentos. Se disserem que estão sendo tratadas injustamente, examine suas queixas com o maior cuidado. Se você procurar analisar a situação do ponto de vista da criança, pode entender seus sentimentos. Se as crianças estiverem sendo tratadas injustamente, tome medidas corretivas.

■ As regras têm de ser consistentes. Se achar necessário alterar uma regra, não deixe de explicar sua decisão às crianças.

Atividades para crianças mais velhas

■ Leve um bolo para a classe e peça às crianças para pensarem numa forma de dividi-lo igualmente. Corte o bolo em pedaços grandes, que deem para duas crianças cada um. Peça para formarem duplas e dê a cada dupla um pedaço de bolo e uma faca de plástico. Oriente as duplas para que uma das crianças corte a fatia em dois pedaços e a outra seja a primeira a escolher o seu. Elas tiveram cuidado para serem justas? Cortaram pedaços iguais?

■ Incentive as crianças a curtirem jogos de tabuleiros, como damas, ludo e outros. Lembre-as de que jogar bem e jogar limpo significa respeitar as regras o tempo todo. O que aconteceria se não houvesse regras?

■ Incentive as crianças a brincarem com um jogo sem regras. É possível? Elas devem inventar regras novas para um jogo conhecido e jogá-lo de acordo com elas. Essas regras são justas? Por fim, experimente o seguinte: jogue mais uma partida, dessa vez com um jogador ou time seguindo o conjunto de regras tradicionais e o outro usando as novas. O que acontece?

O trabalho com a família: ideias para usar em casa

Atividades para crianças de todas as idades

■ Dê exemplos de justiça em atividades realizadas em casa. Por exemplo, dividir a televisão, dividir as responsabilidades de cozinhar e fazer faxina, dividir o seu tempo.

■ Evite fazer comentários do tipo "Porque estou mandando!" "Porque sou adulto" e "Porque é assim que as coisas são". As crianças merecem explicações sobre o motivo de as coisas serem como são e você precisa se lembrar de que ser adulto nem sempre significa estar certo. A justiça não tem nada a ver com tamanho, idade ou posição social.

■ Use gráficos para ajudá-lo a determinar de quem é a responsabilidade de lavar os pratos, passar o aspirador e tirar a poeira.

■ Ajude as crianças a cultivarem a autoestima. Quando elas estão de bem consigo mesmas procuram ativamente as soluções para os seus desafios, quando se sentem inseguras jogam a culpa de sua situação em outra pessoa, ou em alguma coisa. Sentem que o mundo é injusto com elas.

Estimule as crianças a adquirirem uma perspectiva positiva. Não manipule o seu senso de justiça, ajude-as a manter o equilíbrio incentivando-as a se concentrar nas muitas coisas justas da vida, em comparação com algumas coisas injustas.

■ Apresente problemas e incentive-as a encontrarem uma solução. Por exemplo, duas crianças veem um velocípede e correm para pegá-lo ao mesmo tempo. Qual seria a forma justa de decidir quem vai andar nele primeiro? Três crianças têm um sanduíche para dividir entre si, como cada uma delas pode receber uma parte justa? Às vezes, essas situações oferecem temas excelentes para teatrinho de marionetes.

Atividades para crianças mais velhas

■ Se você tem mais de um filho, tome cuidado para não transformar o mais velho no principal responsável pelo menor, ou a sua babá.

■ Se os seus filhos praticam esportes, use palavras e tome atitudes que reforçem a importância de que jogar limpo tem mais valor do que vencer.

■ Quando seu filho diz que você está sendo injusto, ou um irmão está sendo injusto, experimente inverter os papéis para reavaliar e resolver a situação.

■ Dê exemplos de trabalho em favor da igualdade e da justiça. Participe de uma instituição que luta contra a injustiça. Por exemplo, você pode entrar em contato com o Greenpeace, a Anistia Internacional ou Salve as crianças.

Livros para curtir com as crianças

Leia livros que ilustrem e incentivem o senso de justiça. Procure em sua biblioteca pública ou livraria local alguns daqueles sugeridos aqui. Cada um deles oferece oportunidades de discutir os resultados de comportamentos justos e injustos.

O Ser / O Ter, Sonia Salerno Forjaz
O Pintinho que nasceu quadrado, Regina Chamlian
A Fuga de Simão e Babu, Zuleika de Almeida Prado

Solidariedade

O que é Solidariedade?

SOLIDARIEDADE é a prática de ajudar
e apoiar os outros. Também é uma atitude
que podemos cultivar se estivermos
sempre dispostos a estender a mão aos outros
e a procurar ativamente oportunidades
de fazer uma contribuição.

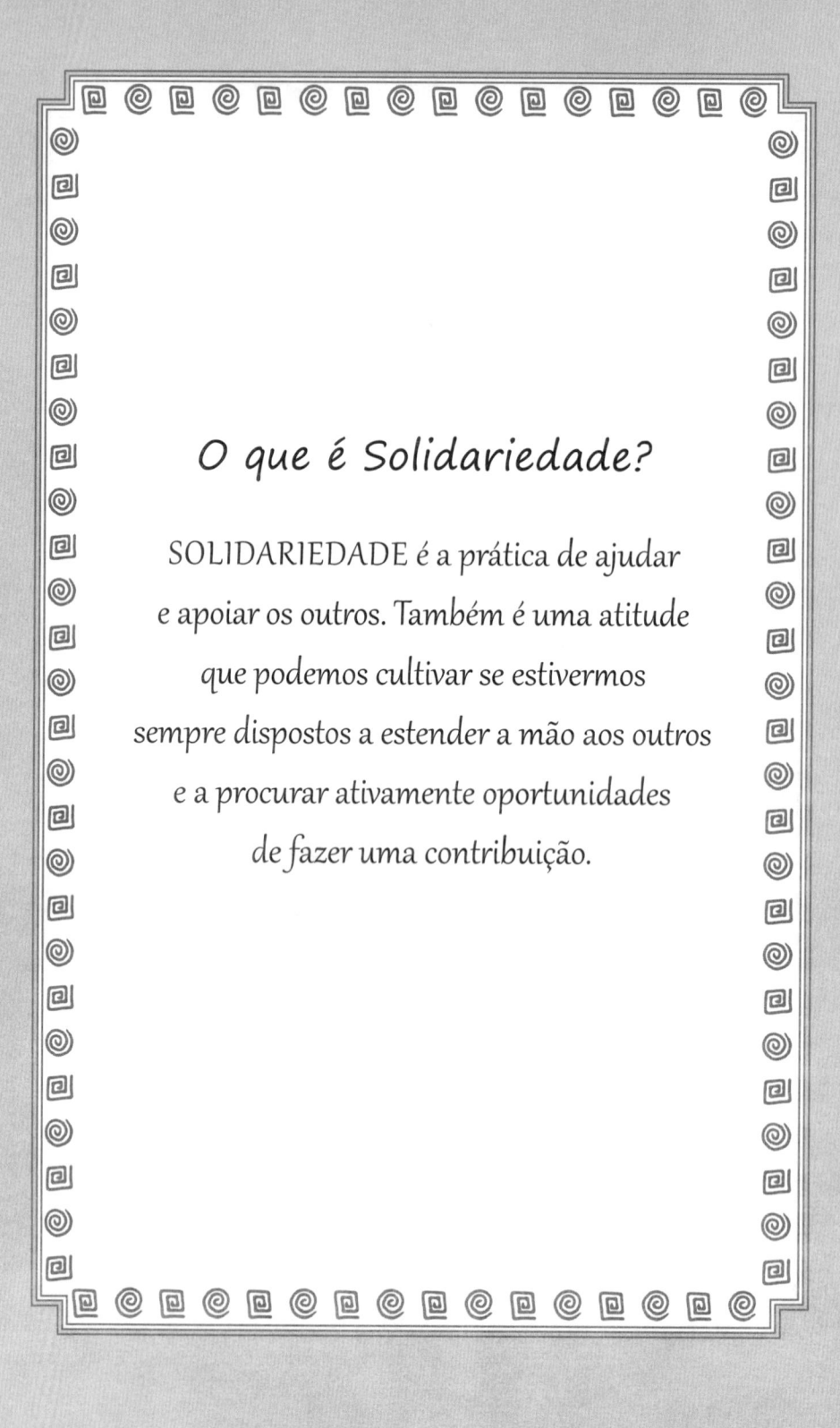

Por quê a Solidariedade é importante?
Coisas para os adultos pensarem

■ Solidariedade era um modo de vida que os primeiros colonos que chegaram às Américas praticavam entre si. À medida que a indústria e o comércio nos tornaram mais autossuficientes a necessidade de ajuda dos nossos vizinhos diminuiu.

Pense num jeito de ajudar seus amigos e vizinhos. Como você acha que eles iriam reagir à sua solidariedade?

■ Vários jornais e revistas publicam histórias de pessoas comuns que encontram meios de fazer diferença ajudando os outros.

Você consegue pensar em exemplos de heróis cotidianos?

■ Existem profissionais que se dedicam a ajudar o próximo, como os bombeiros, os médicos, os professores e os lixeiros.

De que outras ocupações você consegue se lembrar que envolvam ajudar os outros? Em seu emprego existe algum setor que preste serviços ou dê assistência a outras pessoas?

■ Às vezes, as pessoas hesitam em ajudar outras por terem medo de se envolver ou de se prejudicarem.

Procure histórias no jornal ou em revistas sobre pessoas que foram testemunhas de um crime, mas não quiseram se envolver no processo. Em seguida pesquise histórias de pessoas que ajudaram os outros.

■ Qual foi a última vez que você fez um trabalho voluntário, ou participou de uma campanha de levantamento de fundos?

Se você não participou de nenhuma obra de caridade recentemente, pergunte-se por quê.

Solidariedade

Conversas com as crianças sobre Solidariedade

A solidariedade é um valor que precisamos cultivar? Converse com as crianças sobre as perguntas abaixo e veja o que elas pensam.

■ Consegue pensar em alguma coisa que possa fazer para ser útil a sua família ou amigos? E em coisas que eles poderiam fazer que seriam úteis para você?

■ Faça um *brainstorming* sobre as razões que nos motivam a ajudar os outros. Se as crianças responderem, "Porque assim ele vai gostar de mim!", ajude-as a perceber o que existe para além de suas necessidades. Ensine-as a entenderem o senso de comunidade criado pelo apoio mútuo.

■ Procure se lembrar de personagens de ficção que ajudam os outros e de algumas coisas que eles fazem que são úteis para os outros.

Desenvolva a capacidade de expressão verbal das crianças e continue sua discussão sobre solidariedade usando as seguintes palavras ao longo do dia:

agradecer	comunidade	útil	solidário
ajudar	dar	bondade	
caridade	apoiar	oportunidade	

Atividades para a sala de aula

Para crianças de todas as idades

■ Defina e mantenha uma atitude solidária na sala de aula. Cultive o lema "Um por todos, todos por um!".

■ Incentive as crianças a se ajudarem umas às outras, em vez de correrem automaticamente em busca de auxílio. Por exemplo, as crianças podem se ajudar a vestir a bata que colocam sobre a roupa na hora da pintura, a amarrar os cadarços umas das outras, a pendurar os trabalhos de artes plásticas e a fazer *brainstormings* em busca de soluções para os problemas.

■ Proponha alguns projetos em grupo, como construir uma torre com blocos, criar um mural ou preparar uma sopa (ver pp.52-53, onde há uma receita de sopa de legumes). Converse sobre o papel de cada uma para ajudar a realizar o projeto.

■ Conte histórias em que cada um acrescenta uma parte. Alguém começa a história, quem está do lado continua de onde ele parou e acrescenta uma parte, e assim por diante. Converse sobre como a história que todos ajudam a criar é diferente de uma história criada por uma pessoa só.

■ Arrecade dinheiro para uma instituição de caridade, ou organize um bazar de roupas ou comidas. Veja o capítulo sobre Cooperação se quiser mais sugestões. Faça o possível para que as crianças estejam presentes quando você fizer a doação.

■ Peça às crianças para fazerem uma lista das coisas para as quais ainda precisam de ajuda. Essa lista é menor ou maior do que aquela que tinham quando eram bebês? Faça uma relação das coisas que as crianças podem fazer para se ajudarem umas às outras.

Precisa de ajuda	Ajudam uns aos outros
• cortar	• amarrar os cadarços
• preparar comida	• vestir a bata da aula de pintura
• arrumar a cama	• guardar os brinquedos
• construir uma torre com blocos	• construir uma torre com blocos
• guardar os brinquedos	• fazer uma pintura

Atividades para crianças mais velhas

■ Visite uma casa de repouso. Organize as coisas de antemão para as crianças poderem praticar a solidariedade, como plantar um jardim ou pendurar trabalhos de artes plásticas em todos os quartos.

■ Anote os dias ou semanas destinados ao aumento da consciência nacional e gratidão pelos membros da comunidade que prestam solidariedade. Incentive as crianças a fazerem um *brainstorming* para descobrirem formas de demonstrar sua gratidão, como assar biscoitos ou mandar cartas de apoio ao grupo escolhido. Procure uma lista de todos os feriados e dias especiais de agradecimento, com a explicação da origem de cada feriado.

■ Procure e aproveite as oportunidades de crianças mais velhas ajudarem as menores. Por exemplo, as mais velhas podem ajudar as menores nas lições, ler para elas, ou ensinar-lhes um novo jogo. Às vezes, as crianças mais velhas terminam primeiro os seus deveres; ajudar as menores é uma boa atividade para preencher o tempo que sobra. Ambos os grupos aprendem algo sobre solidariedade.

O trabalho com a família: ideias para usar em casa

Atividades para crianças de todas as idades

■ Dê exemplos de solidariedade em sua rotina cotidiana. Abra a porta para outras pessoas, ofereça-se para carregar alguma coisa ou para levar uma bebida para alguém quando for à cozinha. Expresse sempre a sua gratidão.

■ Ajude nas tarefas domésticas. Dividir o trabalho permite que ele seja feito mais depressa e, com companhia, em geral ele fica divertido.

■ Ajude os seus vizinhos. Faça mutirões para pintar a casa ou cuidar do jardim. Envolva as crianças, todos devem participar.

■ Ofereça-se como voluntário para realizar um trabalho na escola do seu filho.

Atividades para crianças mais velhas

■ Participe de uma instituição que presta serviços à comunidade. Ligue para saber quais são as unidades mais próximas de sua casa. Instituições desse tipo oferecem muitas oportunidades para exercer a solidariedade.

■ Leve toda a família para fazer um trabalho voluntário. Certifique-se de que seus filhos podem desempenhar um papel substancial.

■ Participem juntos num projeto de prestação de serviços à comunidade, como a limpeza de uma praça das redondezas, um mutirão de pintura de casa ou jardinagem, a criação de uma horta comunitária.

Livros para curtir com as crianças

Leia livros que ilustrem e incentivem a solidariedade. Procure em sua biblioteca pública ou livraria local alguns daqueles sugeridos aqui. Cada um deles oferece oportunidades de discutir os resultados de ajudar e apoiar os outros.

Menina, o cofrinho e a vovó, Cora Coralina
A velha dos cocos, Ninfa Parreiras
Caiu na rede é peixe, Dave Santana
A fada afilhada, Márcio Vassalo
O menino que achou uma estrela, Marina Colassanti

Honestidade e Integridade

O que são Honestidade e Integridade?

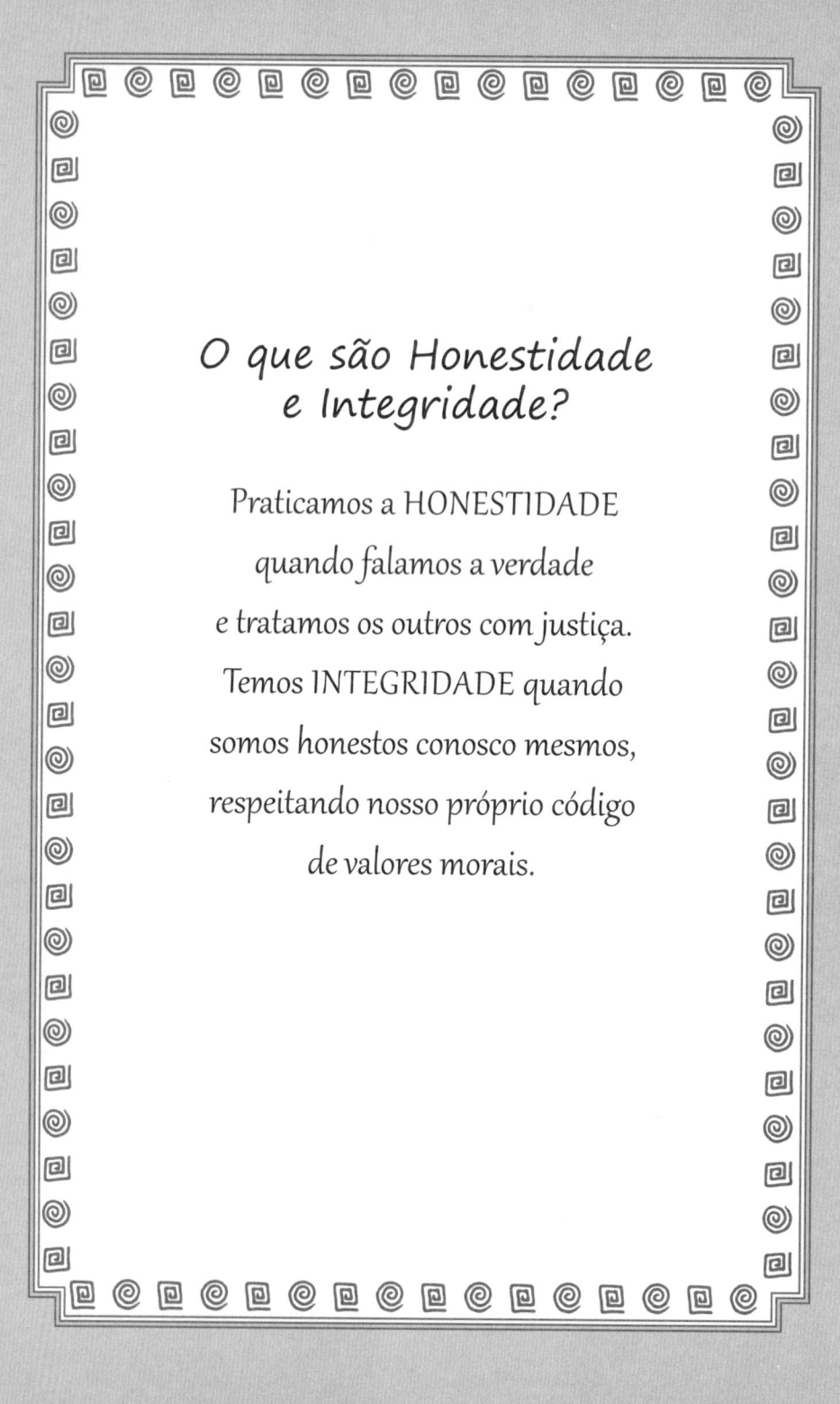

Praticamos a HONESTIDADE
quando falamos a verdade
e tratamos os outros com justiça.
Temos INTEGRIDADE quando
somos honestos conosco mesmos,
respeitando nosso próprio código
de valores morais.

Por quê a Honestidade e a Integridade são importantes? Coisas para os adultos pensarem

■ Houve uma época em que as pessoas se orgulhavam de sua honestidade e de sua integridade. Nosso mundo baseava-se em relações de confiança.

Qual foi a primeira vez que você duvidou da verdade da declaração acima?

■ Nossa sociedade contava tradicionalmente com as personalidades públicas (políticos, atletas, artistas) para servirem de modelo para todos. Uma vez que os atos de tantos dos nossos modelos atuais revelam falta de honestidade e de integridade, onde devemos procurar novos modelos?

Quando você era criança, quem eram os seus modelos de honestidade e integridade? Eles têm congêneres na sociedade atual?

■ A honestidade é a base da confiança. A confiança é a base das relações sociais, sejam elas pessoais ou de negócios.

Você conhece alguém que desfrute de uma boa relação afetiva sem que exista confiança?

■ As crianças pequenas têm dificuldade em distinguir entre a realidade e a fantasia. Elas podem entender mal os fatos porque ainda não desenvolveram a capacidade de separá-los da fantasia. A honestidade é um conceito em desenvolvimento nas crianças com menos de sete anos. Elas precisam vivenciá-la para aprender a empregá-la.

Procure se lembrar de um momento em que você tenha exigido uma resposta direta de uma criança pequena. Como você se sentiu? Pense no quanto as crianças podem ficar confusas com histórias de Papai Noel, da Fada do Dente e do Coelhinho da Páscoa.

- Muitos de nós crescemos com o lema "A honestidade é a melhor política".

Consegue se lembrar de uma situação em que esta afirmação não era a melhor política? Se você mudasse o seu lema, suas relações afetivas sofreriam com isso? Você se sentiria bem consigo mesmo? Como acha que iria se sentir se as coisas se invertessem e alguém próximo de você deixasse de valorizar a honestidade?

Conversas com as crianças sobre Honestidade e Integridade

A honestidade e a integridade são valores que precisamos cultivar? Converse com as crianças sobre as perguntas abaixo e veja o que elas pensam.

- O que é honestidade? Qual é a diferença entre a verdade e a mentira? Diga qual é.

- Alguém já lhe disse alguma coisa que não era verdade? Se disse, como você se sentiu a respeito? Você acha que hoje essa pessoa seria honesta com você? Por quê sim? Por quê não?

- Qual é o grau de seriedade de uma promessa? Como você se sente quando alguém não cumpre uma promessa que lhe fez?

- Já algum dia pensou em não falar a verdade sobre alguma coisa porque achou que ia ter problemas?

- Quais são as pessoas mais honestas que você conhece? Como sabe que elas são honestas? O que sente por elas?

Desenvolva a capacidade de expressão verbal das crianças e continue sua discussão sobre honestidade e integridade usando as seguintes palavras ao longo do dia:

fato	integridade	digno de confiança	indigno de confiança
fantasia	promessa	verdade	
honestidade	confiança	mentira	

Atividades para a sala de aula

Para crianças de todas as idades

■ Use a literatura para ajudar as crianças a distinguirem os fatos da fantasia. Como ainda não têm muita experiência de vida, as crianças pequenas têm dificuldade em definir o que é real e o que não é. Um exemplo, as crianças pequenas não sabem que um lobo não pode destruir uma casa por mais que sopre, pois não têm experiência com lobos. Por volta dos sete anos de idade, em geral, as crianças já adquiriram informações suficientes para começar a separar os fatos da fantasia.

Brinque de Verdade ou Mentira. Dê às crianças um círculo de papel vermelho e um círculo de papel verde. Comece contando uma história inventada.

Peça às crianças para levantarem o círculo verde quando você disser alguma coisa que não poderia ter acontecido de verdade. Elas devem levantar o círculo vermelho para fazer você parar de contar a história. Continue a história usando os sinais para fatos e fantasias.

Discuta situações reais e de faz-de-conta nos livros que você lê na sala de aula. Incentive as crianças a lhe dizer que sabem quando algo é real ou não.

■ Quando as crianças distorcerem a verdade, ajude-as a identificar os fatos. Explique-lhes a importância de se manter fiel aos fatos para os outros poderem acreditar no que elas dizem.

■ Apoie as crianças quando as ideias e crenças delas forem diferentes das suas. Não as obrigue a pensar como você para terem a sua aprovação. Se o raciocínio delas não é lógico, oriente-as a pensar de maneira mais racional sem diminuí-las ou ridicularizá-las. Para as crianças terem condições de defender aquilo em que acreditam, elas precisam do apoio dos pais e dos professores.

Atividades para crianças mais velhas

■ Na hora de brincar com jogos de tabuleiro, converse sobre a importância de jogar limpo e honestamente. O que acontece quando alguém trapeceia? Se você trapaceia para ganhar, será que pode realmente se sentir vitorioso?

■ Ajude as crianças a perceber os efeitos de longo prazo da desonestidade chamando sua atenção para situações que ocultam a verdade. Um exemplo, se você ficar na ponta dos pés quando for medido, vai ter de andar sempre na ponta dos pés daqui para a frente?

O trabalho com a família: ideias para usar em casa

Atividades para crianças de todas as idades

■ Aprove as crianças quando dizem aquilo em que acreditam mesmo que seja diferente daquilo em que você acredita. Talvez você se sinta tentado a redirecionar o pensamento delas, mas não espere ouvir algo só porque elas sabem o que você quer ouvir. É uma situação delicada, mas prepara o terreno para a honestidade.

■ Não espere que as crianças façam coisas que não querem fazer só para constar ou salvar as aparências. Por exemplo, não obrigue Gabriela a pedir desculpas quando ela acha que não fez nada errado, e não obrigue Pedro a beijar a Tia Rosa se ele não tiver vontade. Obrigar as crianças a fazerem coisas que não têm significado para elas provoca atitudes desonestas. Seja um exemplo do comportamento que gostaria que elas imitassem.

■ Seja um modelo de honestidade. Não diga aos vizinhos que adorou o canteiro que eles fizeram no jardim se achar que o canteiro ficou horroroso. Se um funcionário lhe der o troco a mais, devolva a diferença. Se a companhia de TV a cabo não sabe que você está desfrutando dos seus serviços, informe-a e pague por eles.

■ Quando surpreender as crianças sendo desonestas sobre uma questão que não é trivial, ajude-as a entender as consequências de longo prazo. Por exemplo, quando você diz uma mentira, já pensou que não vai poder esquecer de todos os detalhes e a quem você a contou para conseguir mantê-la? Provavelmente pelo resto da vida. Que carga!

Atividades para crianças mais velhas

■ Quando as crianças forem desonestas, ajude-as a separar os fatos da fantasia em relação ao que aconteceu sem demonstrar raiva e sem julgá-las ou condená-las. Às vezes, elas só precisam analisar a situação com mais cuidado.

■ Quando surgir a oportunidade, converse sobre coisas intangíveis que podem ser roubadas. Um exemplo "É roubo tomar para si o crédito do trabalho de outra pessoa?"

■ Assista um filme, como *O Rei Leão* ou *Pinóquio*, onde ser honesto e digno de confiança é um dos temas principais. Incentive seu filho a conversar sobre como os personagens principais demonstram honestidade (e desonestidade).

Livros para curtir com as crianças

Leia livros que ilustrem e incentivem a honestidade e a integridade. Procure em sua biblioteca pública ou livraria local alguns daqueles sugeridos aqui. Cada um deles oferece oportunidades de discutir a honestidade e a integridade.

O Ser, Sonia Salerno Forjaz
Menino inteiro, Bartolomeu Campos de Queirós
Franklin quer um bichinho, Paulette Bourgerois
Rei, o Guru e o Burro, Ruben Alves

Humor

O que é Humor?

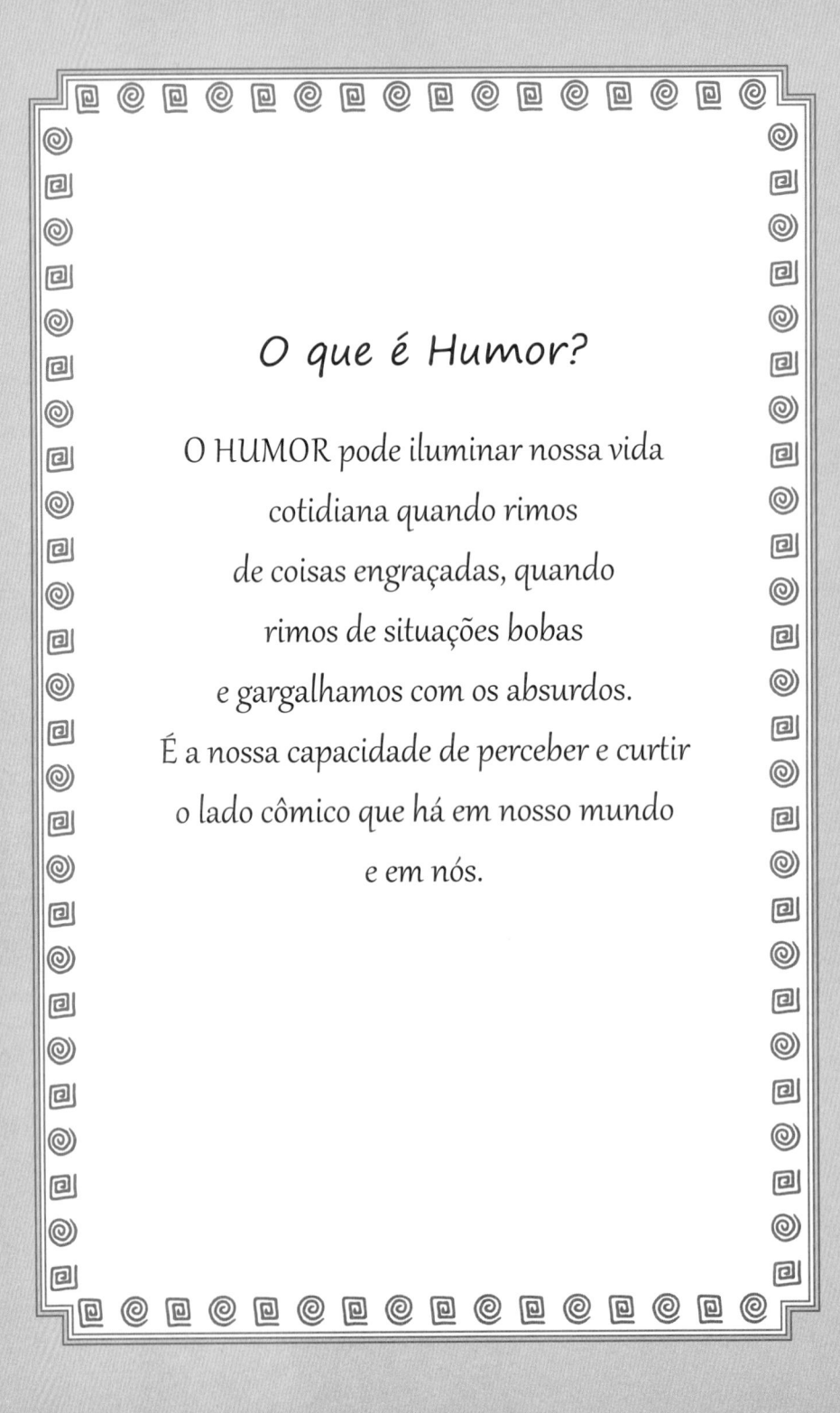

O HUMOR pode iluminar nossa vida
cotidiana quando rimos
de coisas engraçadas, quando
rimos de situações bobas
e gargalhamos com os absurdos.
É a nossa capacidade de perceber e curtir
o lado cômico que há em nosso mundo
e em nós.

Por quê o Humor é importante? Coisas para os adultos pensarem

■ À medida que o nosso mundo foi se tornando mais complexo e mais sério, o nosso humor foi ficando mais sofisticado e, por isso, mais difícil para as crianças entenderem. Perceber o humor exige um leque amplo de experiências e compreensão. Você não tem como saber se alguma coisa está fora de esquadro se não tiver um ponto de referência.

Veja cartuns com as crianças. Anote o número de frases e ações (piadas) que elas perceberam.

■ O humor exige tempo para cultivar e desenvolver. Não nascemos com ele; precisamos adquiri-lo.

Qual a piada mais antiga de que você consegue se lembrar? Você acha graça nela hoje? Os seus filhos riem dela?

■ Quanto mais egocêntricos somos em nosso pensamento, menos probabilidades temos de ver o humor de certas situações. O humor exige olharmos para fora de nós e sermos capazes de rir de nós mesmos.

Qual foi a última vez que você riu de si mesmo?

■ O que é engraçado para uma pessoa pode ser ofensivo para outra. Por exemplo, nas piadas raciais e políticas, a graça é sempre a expensas de alguém.

O humor pode ir longe demais?

■ O humor pode nos ajudar a superar tempos difíceis e muitas adversidades.

Procure lembrar-se de uma situação que você superou graças ao humor.

Conversas com as crianças sobre Humor

O humor é um valor que precisamos cultivar? Converse com as crianças sobre as perguntas abaixo e veja o que elas pensam.

■ Conte a piada mais engraçada que você conhece. O que faz com que ela seja tão engraçada?

■ O que torna os palhaços tão engraçados?

■ Cante ou recite a letra de uma música engraçada, como *A barata mentirosa*:

> A barata diz que tem
> Sete saias de filó.
> É mentira da barata
> ela tem é uma só.
> Ah! Ah! Ah!
> Oh! Oh! Oh!
> Ela tem é uma só. (Bis)
> A barata diz que tem
> sete saias de balão.
> É mentira da barata
> não tem **dinheiro** nem pro sabão.
> Ah! Ah! Ah!
> Oh! Oh! Oh!
> Nem dinheiro pro sabão. (Bis)
> A barata diz que tem
> um sapato de fivela.
> É mentira da barata
> o sapato é da mãe dela.
> Ah! Ah! Ah!
> Oh! Oh! Oh!
> O sapato é da mãe dela. (Bis)

Converse com as crianças sobre os versos engraçados – são coisas que realmente acontecem? (Uma barata ter uma saia, ou um sapato de fivela?)

- Você faz coisas engraçadas? Cite uma. Que coisas engraçadas os seus amigos fazem?

- Qual é a pessoa mais engraçada que você conhece? O que a torna tão engraçada?

- Que livro ou cartum, ou programa de TV, você acha o mais engraçado? Por quê é tão engraçado?

Desenvolva a capacidade de expressão verbal das crianças e continue sua discussão sobre humor usando as seguintes palavras ao longo do dia:

exagero	humorístico	absurdo	bobo
engraçado	piada	adivinhação	
humor	risada	sério	

Atividades para a sala de aula

Para crianças de todas as idades

- Ensine às crianças outras músicas engraçadas, como "O sapo não lava o pé" e "Sai, piaba". Escolha um CD de músicas infantis engraçadas para cantar junto com elas.

- Leia livros que abordem outras formas de ver o mundo.

- Faça uma "Quarta-Feira Absurda" ou um "Dia de Andar para Trás". Incentive o raciocínio extravagante e os exageros escandalosos.

■ Deixe as crianças verem você rindo de si mesmo. Quando se atrapalhar com as palavras ou com sua rotina diária, ria de si mesmo.

■ Preste atenção às interpretações literais do vocabulário usado pelas crianças e ajude-as a compreender os múltiplos significados das palavras. Por exemplo, peça para interpretarem expressões como "engolir sapo", "entrar pelo cano", "pôr minhoca na cabeça" e outras expressões idiomáticas comuns. Uma coisa engraçada seria pedir às crianças para desenharem suas interpretações.

■ Incentive as respostas diferentes da norma.
Existem várias formas de ver as coisas; quanto mais legítimas forem as respostas que conseguirem dar, mais fácil será para elas reconhecerem as respostas corretas.

■ Faça brincadeiras absurdas, perguntas do tipo "O que aconteceria se um polvo tivesse asas em vez de braços?", "Como seria a mistura de um elefante com uma girafa? Que nome você daria ao bicho resultante?", "O que esse novo bicho teria de engraçado?"

Atividades para crianças mais velhas

■ Incentive as crianças mais velhas a visitar crianças mais novas e contarem piadas para elas. As piadas parecem pouco elaboradas aos olhos dos adultos, mas podem ajudar a elevar o grau de compreensão das crianças menores.

■ Leia um livro engraçado e estimule as crianças para criarem outros episódios da história usando o mesmo tipo de linguagem e humor.

O trabalho com a família: ideias para usar em casa

Atividades para crianças de todas as idades

■ Ria de si mesmo quando fizer ou disser alguma coisa constrangedora. Incentive as crianças a rirem de si mesmas.

■ Ria das tentativas de seus filhos de serem engraçados. Se fizerem uma imitação engraçada e disserem "Olha pra mim!", para que você ria deles, faça-lhes a vontade.

■ Faça coisas ao contrário. Jante começando com a sobremesa e terminando com a salada, ou ande de costas até a porta da entrada.

■ Quebre rotinas. Seja espontâneo. Se assistiu vídeos e encomendou pizzas nas seis últimas noites de sexta-feira, experimente algo diferente como um piquenique com sanduíches de queijo e geleia.

■ Assista TV com seu filho. Discuta o humor quando ele aparecer.

■ Leia para seu filho as partes engraçadas dos jornais.

■ Sente-se na frente de um espelho com seu filho e faça caretas. Quem consegue fazer os olhos parecerem mais vesgos? Quem consegue abrir mais a boca? Quem consegue fazer a careta mais engraçada?

■ Reserve um espaço na porta da geladeira para colar figuras e fotos engraçadas.

■ Conte as coisas que fizeram você rir durante o dia. Procure se lembrar de pelo menos uma todo dia; e procure aumentar esse número.

Atividades para crianças mais velhas

■ Brinque com seus filhos com adivinhações do tipo "O que é, o que é?", rimas engraçadas e trocadilhos simples.

■ Conte piadas e ouça as que eles têm para lhe contar.

Livros para curtir com as crianças

Leia livros que ilustrem e incentivem o humor. Procure em sua biblioteca pública ou livraria local alguns daqueles sugeridos aqui. Cada um deles oferece oportunidades de discutir os resultados de prestar atenção ao lado cômico da vida.

Hoje tem palhaçada?, Cristina Von
Quem tem medo do novo?, Ruth Rocha
João e o pé de feijão, Gian Calvi
Lé com Cré, José Paulo Paes
O gato barbudo, Edla van Steen

Independência e Autonomia

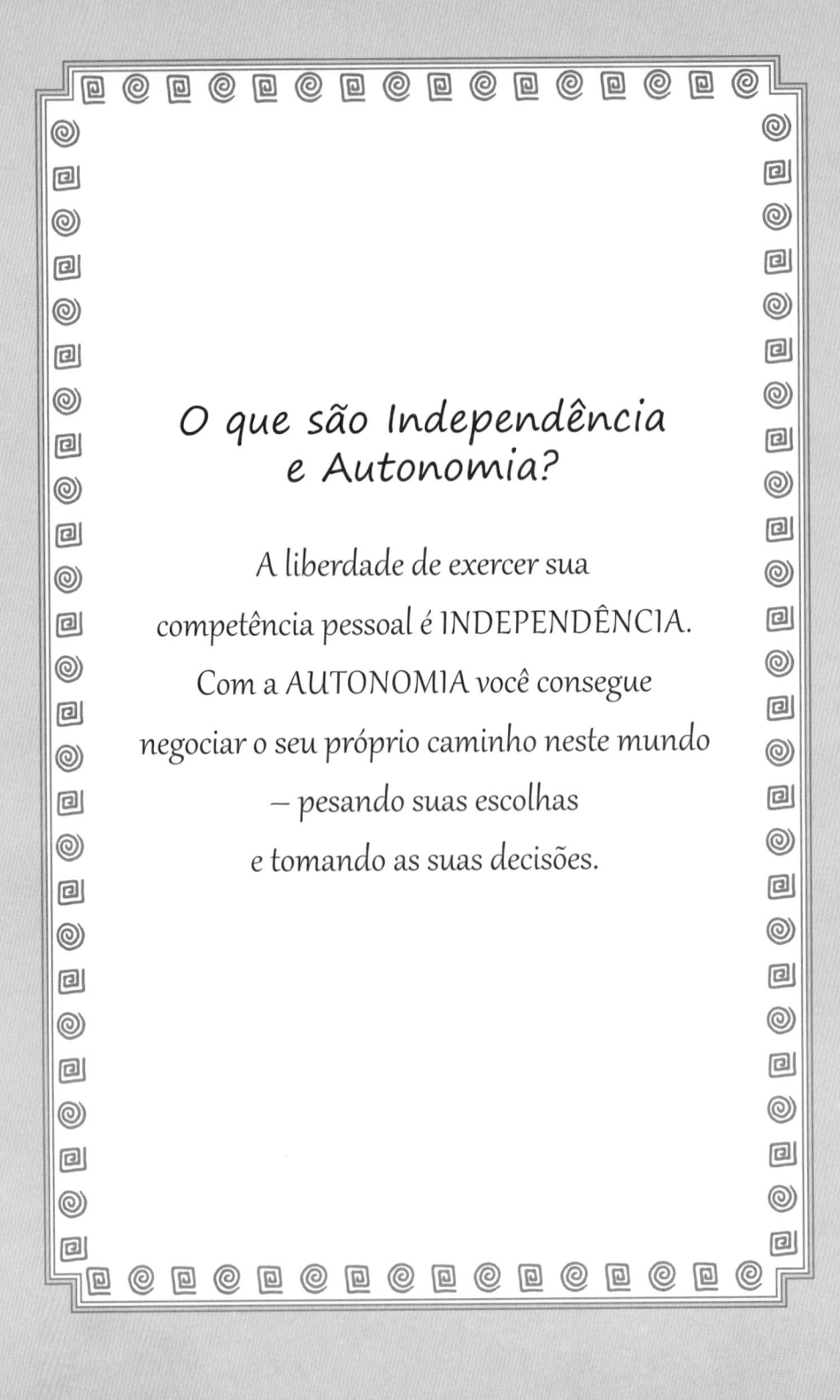

O que são Independência e Autonomia?

A liberdade de exercer sua
competência pessoal é INDEPENDÊNCIA.
Com a AUTONOMIA você consegue
negociar o seu próprio caminho neste mundo
– pesando suas escolhas
e tomando as suas decisões.

Por quê Independência e Autonomia são importantes?
Coisas para os adultos pensarem

■ As crianças nascem totalmente dependentes dos adultos para prover as suas necessidades, mas, em última instância, sua sobrevivência exige que elas aprendam a ser autossuficientes e autônomas.

> *Pense em formas de incentivar as crianças a andar, falar, comer sozinhas e assim por diante. Você conhece alguém que prefere manter os filhos dependentes? Por quê algumas pessoas alimentam a dependência e que efeito isso tem sobre seus filhos?*

■ Um indivíduo saudável é independente e, mesmo assim, respeita a interdependência que a humanidade precisa para sobreviver.

> *Pense em coisas das quais você depende de outras pessoas. Você poderia fazer alguma dessas coisas de forma independente?*

■ Pense na quantidade de crianças atraídas para as quadrilhas. Se você prestar atenção ao que elas dizem sobre a orientação de sua gangue, parece que o motivo de pertencer a elas é o desejo de fazer parte de uma família. Quando os vínculos familiares são fortes, criam uma base, uma rede de segurança que permite aos filhos vivenciarem e desenvolverem uma postura de independência.

> *Procure exemplos de crianças que têm vínculos familiares fortes, e outras que não têm. Quais delas apresentam um comportamento mais resoluto, saudável e independente?*

Conversas com as crianças sobre Independência e Autonomia

A independência e a autonomia são valores que precisamos cultivar? Converse com as crianças sobre as perguntas abaixo e veja o que elas pensam.

■ Cite algumas coisas que você consegue fazer sozinho. O que sente em relação a essas coisas?

■ Que coisas você gostaria de fazer sozinho? Como acha que vai se sentir quando aprender?

■ Converse com as crianças sobre tudo o que já aprenderam a fazer sozinhas e mostre admiração ao dizer o quanto estão ficando independentes.

■ Consegue lembrar de algumas coisas que nunca aprendeu a fazer sozinho?

Desenvolva a capacidade de expressão verbal das crianças e continue sua discussão sobre independência e autonomia usando as seguintes palavras ao longo do dia:

sozinho	decisões	grupo	autonomia
escolhas	família	independência	
confiança	liberdade	interdependência	

Atividades para a sala de aula

Para crianças de todas as idades

■ Crie oportunidades para a solução de problemas e para as escolhas. Incentive as crianças a escolher as matérias com que desejam começar a trabalhar, as atividades que querem fazer, com que cores querem pintar. Quando surgirem problemas, como derramar o suco ou a bola cair numa poça d'água, peça às crianças para pensarem em soluções.

■ Deixe que façam sozinhas o máximo de coisas possível. Arrume recipientes para quando elas limparem a sujeira que fizerem. Mantenha os materiais de artes plásticas numa prateleira baixa para elas poderem pegar sozinhas o que quiserem. Ensine-as a pedir ajuda a um amigo para vestir a bata que usam quando trabalham com artes plásticas.

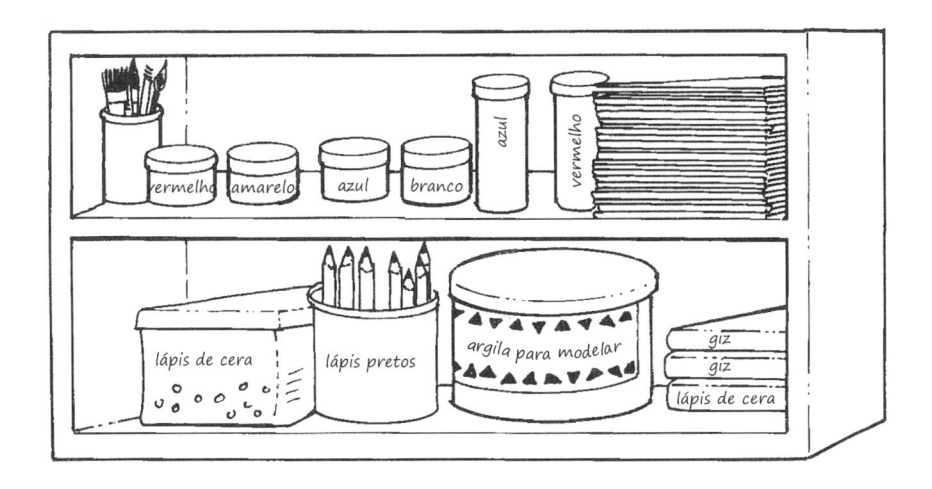

■ Crianças pequenas precisam ter relações sólidas e acolhedoras com os pais, professores e outros responsáveis para poderem conquistar a independência. Quando elas se aproximam de você querendo um abraço e apoio, acolha e depois incentive-as a ter comportamentos independentes. As crianças pequenas estão no processo de desenvolver

Independência e Autonomia

a autoconfiança para exibirem um comportamento independente. Elas vão procurar no adulto periodicamente reforço e reabastecimento mas, em seguida, precisam ser direcionadas novamente para as atividades que alimentam a autossuficiência.

■ Discuta a interdependência com os membros da sala de aula. Compare aquilo que as crianças conseguem fazer sozinhas com o que exige que todo mundo colabore para serem realizadas.

■ Use rêbus – ou carta enigmática (brincadeira que consiste em adivinhar palavras, ideias, conceitos por meio de desenhos de objetos cujo nome tem uma semelhança qualquer com o que se pede para adivinhar) em sala de aula para incentivar o trabalho independente que segue o próprio ritmo.

■ Forme um círculo "Sou especial" com as crianças. Peça a uma delas para se sentar no meio do círculo. Cada um dos colegas vai dizer o que vê de especial na criança que está no centro.

■ Incentive jogos e atividades em que as crianças possam brincar sozinhas. Alguns jogos a dois são ótimos para aprender a jogar contra si mesmo.

ENCHER O POTE COM PRENDEDORES DE ROUPA – Use um pote de boca larga com crianças menores ou um pote de boca mais estreita com crianças maiores. Coloque o pote no chão. Dê a cada criança o mesmo número de prendedores – cada criança ganha prendedores de uma cor, para que as identifique. Elas vão tentar jogar o maior número possível de prendedores dentro do pote, mas têm de ficar de pé e não podem se curvar sobre o recipiente. Ganha quem conseguir pôr lá dentro o maior número de prendedores.

JOGO DE FUTEBOL DE BOTÕES – Brinque com as crianças com uma variante mais simples do Jogo de Futebol de Botões, onde se usa o botão maior para jogar os menores dentro de um potinho. Aumente o número de botões menores a cada partida.

EQUILIBRANDO UM SACO DE FEIJÃO – Incentive as crianças a andarem equilibrando um saco de feijão na cabeça, no ombro, no joelho e em cima do pé (elas vão ter de pular com o saco nos joelhos e em cima do pé). Proponha irem um pouco mais longe de cada vez (crie uma "trilha" no chão com fita crepe, da qual elas não podem se desviar).

■ Estimule o desenvolvimento da independência.

TECELAGEM – Apresente vários teares e incentive-as a criarem peças exclusivas.

ESCULTURA – Dê-lhes argila para brincarem de modelar.

■ Incentive as crianças a celebrarem sua individualidade e interdependência com um mural tipo quebra-cabeça. Corte um pedaço grande de cortiça ou papelão em pedaços com aquelas formas de quebra-cabeça que se encaixam umas nas outras (uma por criança). Peça para pintarem ou desenharem a si mesmas, ou alguma coisa a seu respeito na peça que receberam. Depois que todos terminarem, ajude a classe a montar o quebra-cabeças.

Independência e Autonomia

O trabalho com a família: ideias para usar em casa

Atividades para crianças de todas as idades

■ Ajude as crianças a serem autossuficientes o mais cedo possível. Ensine-as a escovar os dentes, a calçar os sapatos, a se servirem elas mesmas de suco, a escolher as roupas e a se vestirem. As crianças são completamente dependentes ao nascer e manter seus comportamentos de dependência pode se tornar um hábito para os pais. Ficamos tão acostumados a satisfazer todas as necessidades delas que nos esquecemos de passar parte da responsabilidade para as crianças. E também é muito mais fácil tomarmos nós mesmos as providências em vez de assumir a tarefa tediosa de deixá-los fazer as coisas sozinhos. Preste atenção aos graus de desenvolvimento das crianças e ajude-as a se tornarem autossuficientes aos poucos.

■ Elogie a independência das crianças. Quando Júlia calçar as meias e os sapatos, dê-lhe os parabéns pelo feito. Quando Marquinhos abotoar a camisa, mostre orgulho e satisfação com ele. Você vai reforçar e incentivar comportamentos independentes e dar a seus filhos a aprovação e atenção que eles tanto precisam. Quanto mais eles as tiverem em casa, menos vão precisar procurá-las fora.

■ Chame atenção para a interdependência na família. É preciso que todos trabalhem juntos para sair de casa e ir para a escola e para o emprego de manhã. Essa tarefa fica mais fácil quando todos ajudam a preparar o café da manhã e a lavar a louça em seguida.

■ Incentive as crianças a se divertirem sozinhas. Há muitos jogos, como "Cinco-Marias", ou "Jogo das Pedrinhas" (o objetivo é pegar 5 pedrinhas [ou saquinhos de pano recheados com arroz] no ar). Na primeira fase, a criança joga uma pedra para cima e pega outra que está no chão antes da pedra que está no ar cair na sua mão. Na segunda, ela tem de pegar duas e assim sucessivamente. Também se pode jogar com amigos. Perde quem deixar a pedra do ar cair ao tentar pegar as que estão no chão. Outras atividades que podem fazer sozinhas são pega-varetas, quebra-cabeça e desenho.

■ Folheie junto com seu filho o álbum de fotos de quando ele era bebê. Observe o quanto ele cresceu e está mais independente. Converse sobre a primeira vez que ele se virou no berço, os primeiros sorrisos, os primeiros passos e assim por diante. Faça um gráfico do crescimento e use-o para mostrar novas conquistas e comportamentos independentes, além do aumento do peso e da altura.

Atividades com crianças mais velhas

■ Ajude as crianças a descobrir os talentos que só elas têm e incentive-as a desenvolvê-los. Uma criança pode tocar violino, outra se sair bem na ginástica. Uma pode ser um artista plástico natural, outra pode pular corda ou andar de bicicleta muito bem.

■ Vá acampar com as crianças. Deixe que elas experimentem cuidar de si mesmas sem o apoio e as facilidades dos recursos urbanos, como eletricidade, água corrente, celular e supermercado.

Livros para curtir com as crianças

Leia livros que ilustrem e incentivem a independência e a autonomia. Procure em sua biblioteca pública ou livraria local alguns daqueles sugeridos aqui. Cada um deles oferece oportunidades de discutir os resultados de ser independennte.

Uma princesa assim pequenininha, mas..., Beatrice Masini
O menino que espiava pra dentro, Ana Maria Machado
Cadê meu cabelo?, Dave Santana

Lealdade

O que é Lealdade?

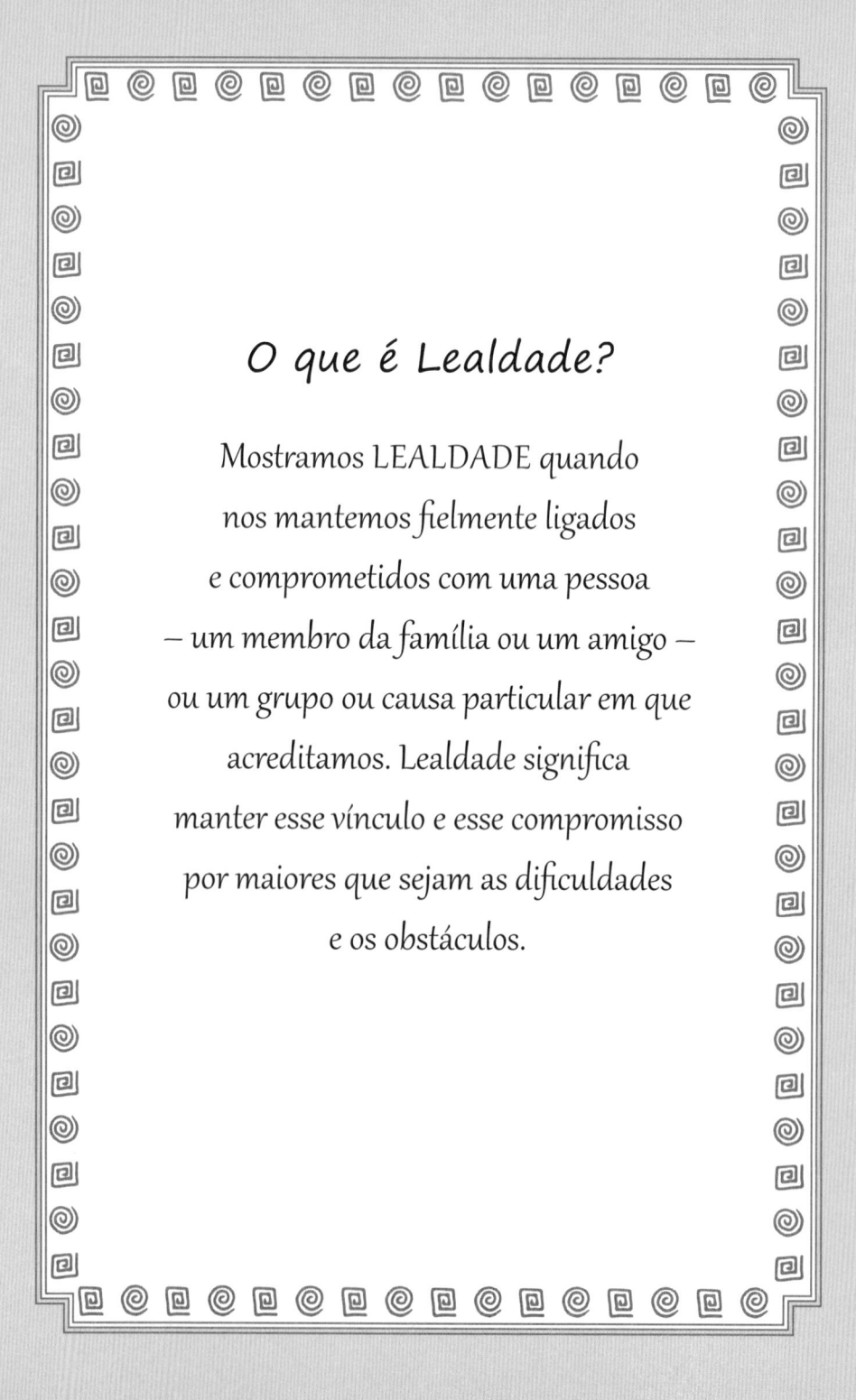

Mostramos LEALDADE quando nos mantemos fielmente ligados e comprometidos com uma pessoa – um membro da família ou um amigo – ou um grupo ou causa particular em que acreditamos. Lealdade significa manter esse vínculo e esse compromisso por maiores que sejam as dificuldades e os obstáculos.

Por quê a Lealdade é importante?
Coisas para os adultos pensarem

■ A lealdade está relacionada a compromisso. É o traço do caráter que nos permite manter-nos fiéis a nossas promessas e obrigações.

Pense em pessoas, atividades ou causas com as quais está comprometido. Se a lealdade não fizesse parte do quadro, você continuaria comprometido?

■ Você vai encontrar muitas referências a ela na história – na Constituição, no Voto de Fidelidade, nos heróis das histórias de guerras.

A lealdade e o patriotismo são a mesma coisa? Em que se assemelham? Em que são diferentes?

■ A lealdade inclui ser verdadeiro consigo mesmo. As pessoas que você conhece lutam por aquilo que acreditam? E você? É fácil convencer os outros a desistirem de seu ponto de vista? E a você?

Pense em alguma coisa na qual tem muita convicção. Como você responde quando é confrontado?

■ Muitas vezes, a lealdade requer sacrifícios. Em época de guerra, o sacrifício pode significar a própria vida. Na amizade, o sacrifício pode significar abrir mão de alguma coisa que você quer fazer para ajudar um amigo. No trabalho, pode significar sair do emprego porque as circunstâncias que ele implica impedem você de ser leal a seu empregador e seu senso de integridade o proíbe de trabalhar para alguém com quem não possa ser leal.

Pense em algumas situações que exigiram a sua lealdade. Precisou fazer algum sacrifício?

■ Às vezes, a lealdade requer uma promessa, como um juramento ou um voto.

Faça uma lista de promessas recentes que você fez. Quantas você cumpriu?

Conversas com as crianças sobre Lealdade

A lealdade é um valor que precisamos cultivar? Converse com as crianças sobre as perguntas abaixo e veja o que elas pensam.

■ Fale sobre uma promessa que você fez. Você a cumpriu? O que cumpri-la ou não cumpri-la fez você sentir?

■ Cite alguns grupos dos quais você faz parte, como sua família, sua classe, na escola ou no seu bairro. O que é preciso para ser leal a esses grupos?

■ Pense num momento em que você abriu mão de alguma coisa que queria para poder ajudar um amigo ou um membro da família. Como se sentiu depois de tomar a decisão de desistir de seus planos? Como se sentiu depois de ajudar seu amigo?

■ Peça para as crianças explicarem porque tanto os novos amigos quanto os velhos são importantes.

Desenvolva a capacidade de expressão verbal das crianças e continue sua discussão sobre lealdade usando as seguintes palavras ao longo do dia:

crenças	fiel	lealdade	confiança
causa	família	promessa	
compromisso	amigos	sacrifício	

Atividades para a sala de aula

Para crianças de todas as idades

■ Trabalhe o conceito de lealdade nas atividades. Por exemplo: Peça às crianças para fazerem um *brainstorming* e montarem uma lista das maneiras pelas quais os membros da família são leais uns aos outros.

■ Discuta formas de como as crianças podem ser leais à sua escola, como mantê-la limpa e participar das atividades propostas.

■ Ajude as crianças a serem fiéis a suas ideias. Quando forem votar ou escolher uma atividade, ou até mesmo uma cor para usar em sua pintura, incentive-as a pensarem por si. As crianças esperam frequentemente para ver o que seus pares vão fazer antes de escolher um curso de ação. Às vezes, isso é apenas o resultado de não terem informações suficientes. Disponibilize as informações que as crianças precisam para tomarem suas próprias decisões.

■ Recompense o pensamento independente. Incentive atividades que permitem a diversidade e reduza o número daquelas que são da mesma natureza. Ajude as crianças a valorizarem os sentimentos que acompanham ater-se a seu ponto de vista. Peça-lhes para explicarem e justificarem suas respostas. Aprove e respeite todas as respostas que forem justificadas. Comemore a diversidade das respostas e incentive-as a se sentirem bem com suas respostas individuais.

Atividades para crianças mais velhas

■ Proponha jogos em equipe. Desafiar um outro grupo para fazer uma corrida de revezamento ou jogar bola também é interessante. As crianças precisam tanto de jogos competitivos quanto de jogos cooperativos. A competição incentiva as crianças a darem o máximo de si; os jogos cooperativos ajudam a desenvolver o senso de colaboração.

■ Apresente a seguinte situação: você prometeu a seu melhor amigo brincar com ele depois das aulas, mas, nesse ínterim, seu vizinho o convidou para uma festa de aniversário no parque de diversões local. O que você faz?

■ Deixe as crianças escolherem uma causa pela qual se interessam, como medidas a tomar em caso de incêndio, uso do cinto de segurança no carro ou reciclagem de materiais. Incentive-as a organizar uma campanha de levantamento de fundos, que inclua fazer cartazes e adesivos que possam ser colados em lugares visíveis por todos.

Não brinque com fósforos!

Planeje uma rota de fuga.

Verifique o alarme contra incêndio.

O trabalho com a família: ideias para usar em casa

Atividades para crianças de todas as idades

■ Discuta formas que mostrem a lealdade dos membros da família uns com os outros, como defesa mútua, apoio aos esforços e realizações uns dos outros e ajuda mútua quando necessário.

■ Faça um voto, um slogan ou um lema de família, como "Na família Silva, é um por todos e todos por um".

■ Respeite o direito de seu filho ter ideias diferentes das suas. As crianças precisam ser leais a si mesmas antes de poderem ser leais com os outros.

■ Ajude as crianças a entender que, quando dão a sua palavra de honra sobre alguma coisa, como ficar no quintal ou arrumar o quarto antes da hora do jantar, elas estão, em essência, fazendo uma promessa. Cumprir essa promessa significa honrar a sua palavra.

Atividades para crianças mais velhas

■ Incentive seus filhos a participarem de grupos e atividades que promovam seu senso de lealdade. Experimente um programa de leitura de verão em sua biblioteca pública ou livraria local.

■ A sua família tem um brazão? Pesquise e explique seu significado a seus filhos. Quantos atributos apresentados no brazão você ainda defende hoje em sua família? Desenhe o seu próprio brazão com valores que são importantes para a sua família.

Livros para curtir com as crianças

Leia livros que ilustrem e incentivem a lealdade. Procure em sua biblioteca pública ou livraria local alguns daqueles sugeridos aqui. Cada um deles oferece oportunidades de discutir os resultados de ser leal e fiel.

O anel mágico (Reconto Indiano), Sonia Salerno Forjaz
A princesa sapo (Reconto Russo), Sonia Salerno Forjaz

Paciência

O que é Paciência?

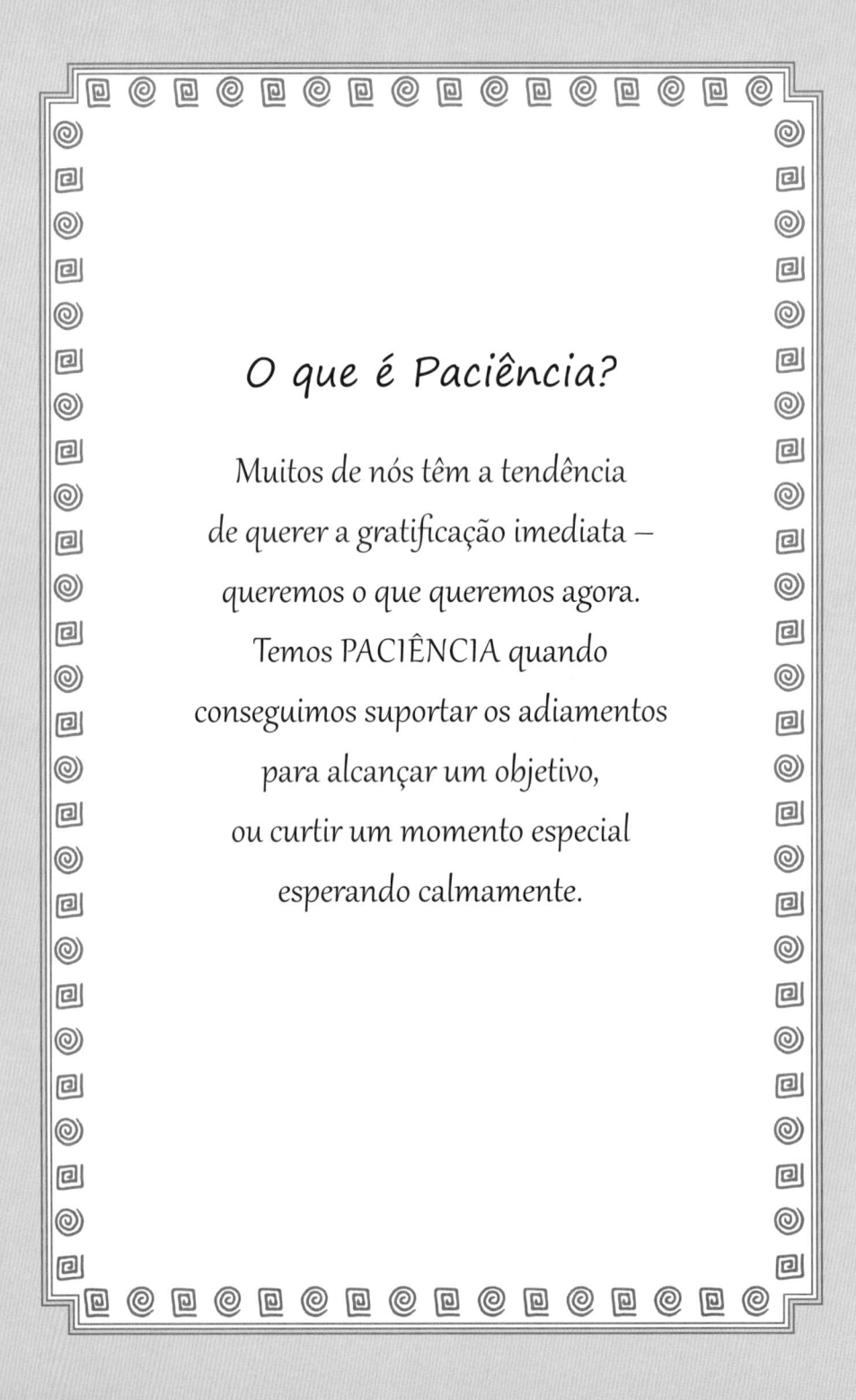

Muitos de nós têm a tendência
de querer a gratificação imediata –
queremos o que queremos agora.
Temos PACIÊNCIA quando
conseguimos suportar os adiamentos
para alcançar um objetivo,
ou curtir um momento especial
esperando calmamente.

Por quê a Paciência é importante? Coisas para os adultos pensarem

■ Nossa sociedade apressada não oferece às crianças muitas oportunidades de aprenderem a ser pacientes. Os fornos micro-ondas preparam lanches em 30 segundos. Os cartões de crédito permitem aos pais comprarem bicicletas ou um guarda-roupa novo para a escola na hora que precisam ou desejam.

Faça uma lista de coisas que você pode obter quase instantaneamente hoje e que antes tinha de esperar.

■ Lembra-se de esperar um dia inteiro para uma panela de feijão cozinhar, ou de comprar a prestações alguma coisa que queria muito com o dinheiro que economizou da sua mesada? Essas experiências, e muitas outras, ensinaram-nos a ter paciência e também nos ajudaram a desenvolver um sentimento de satisfação e orgulho.

Pense em alguma coisa que você comprou a prestações. Lembra-se do que sentiu quando fez o último pagamento?

■ Parte da graça de querer alguma coisa é planejar como consegui-la. Os pequenos passos que damos para realizar o nosso desejo são comemorações dos nossos esforços. Prestamos às crianças um desserviço quando não encontramos oportunidades que lhes permitam aprender a desfrutar o prazer de esperar.

Faça uma lista de três coisas consideradas pequenos passos, ou comemorações, que levam a um feriado, uma festa ou um aniversário especial.

Conversas com as crianças sobre Paciência

A paciência é um valor que precisamos cultivar? Converse com as crianças sobre as perguntas abaixo e veja o que elas pensam.

■ Faça um *brainstorming* para obter uma lista de coisas pelas quais é difícil esperar. O que se pode fazer para tornar a espera mais fácil?

■ Pense em algo que demande um certo tempo para aprender, como assobiar, servir um suco ou amarrar os cadarços dos sapatos. Pergunte para as crianças: depois que alcançaram o seu objetivo, valeu a pena esperar?

■ Pense em uma atividade para realizar com as crianças e elaborem junto um plano para executá-la.

Desenvolva a capacidade de expressão verbal das crianças e continue sua discussão sobre paciência usando as seguintes palavras ao longo do dia:

antecipação	objetivo	paciência	espera
calma	depois	planejamento	
adiamento	agora	preparação	

Atividades para a sala de aula

Para crianças de todas as idades

■ Trabalhe com projetos de artes plásticas e artesanato que exijam tempo para serem terminados. Converse com as crianças sobre o prazer de ver o projeto se desenvolver. Revejam os passos que já deram e defina os seguintes junto com elas.

■ Planeje uma peça de teatro com a classe. Deixe as crianças decidirem o tema, escolher as roupas e os acessórios, criar um convite para chamar outra classe para a apresentação e, por fim, encenar a peça. Ajude-as a analisar cada passo do processo como uma atividade satisfatória em si mesma.

■ Plantem uma horta. Incentive as crianças a curtir o crescimento das sementes diariamente. Dê-lhes uma lupa para acompanharem as pequenas mudanças, ou um palito de picolé para usarem como régua para medir o crescimento semanal. Se não puderem plantar uma horta, façam uma sopa de legumes. Envolva as crianças em todo o processo: comprar os legumes na quitanda (ou trazê-los de casa); lavá-los, picá-los, deitar na panela, adicionar os temperos e os caldos, esperar cozinharem e, por fim, saborearem todos juntos uma sopa deliciosa. Valeu a pena esperar! (Veja na pp. 52-53 uma receita de sopa.)

■ Conversem sobre a espera de acontecimentos importantes, como aniversários ou viagens de campo empolgantes. Peça para fazerem um *brainstorming* sobre as coisas pequenas e divertidas que antecedem o acontecimento, como escolher um presente, conversar com as famílias sobre o evento ou decidir que roupa vão usar.

■ Pense em um projeto culinário que exija tempo: fazer picolés, assar um pão (veja receita de pão pp.53-54) ou fazer biscoitos com uma massa que precise descansar a noite inteira.

PICOLÉS COLORIDOS

Ingredientes:

½ xícara (125 ml) de suco de laranja
90 g de framboesas ou morangos frescos
1 colher de chá (5 ml) de mel
¼ de xícara (60 ml) de água
¼ de xícara (60 ml) de suco de uva
¼ de xícara (60 ml) de água fria

Utensílios:

- 4 copinhos de papel pequenos
- liquidificador
- espremedor de frutas
- xícaras de medidas-padrão
- palitos de picolé

Modo de fazer:

1. Derrame mais ou menos 2,5 cm de suco de laranja em cada copinho de papel.
2. Coloque os copinhos no *freezer* por 2 horas.

3. Junte as framboesas ou morangos, o mel e a água no liquidificador e bata até misturar bem todos os ingredientes.

4. Retire o suco de laranja congelado do *freezer*.

5. Derrame a mistura do liquidificador em cima do suco de laranja congelado de cada copinho.

6. Coloque novamente os copinhos com suco congelado no *freezer* durante mais ou menos 1 hora.

7. Despeje o suco de uva misturado com a água sobre a camada de morangos ou framboesas.

8. Introduza os palitos de picolé e deixe no *freezer* congelando durante a noite toda.

9. Tire os copinhos de frutas do *freezer* e deixe-os descansar por alguns segundos, depois pegue os palitos pelo cabo e retire-os dos copinhos.

BISCOITOS DE GENGIBRE

Ingredientes

½ xícara (125 ml) de manteiga
½ xícara (125 ml) de melado
½ xícara (100 g) de açúcar mascavo
¼ de xícara (60 ml) de água
2 ½ copos (500 g) de farinha de trigo
¾ de colher de chá (3,5 ml) de sal
½ colher de chá (2,5 ml) de fermento em pó Royal
¾ de colher de chá (3,5 ml) de gengibre em pó
¼ de colher de chá (1 ml) de noz moscada
1/8 de colher de chá (0,5 ml) de pimenta-da-jamaica

Utensílios

- xícaras e colheres de medidas-padrão
- tigela e colher para misturar a massa
- rolo de macarrão e filme transparente de PVC
- tábua ou superfície limpa de uma mesa
- cortadores de biscoitos
- assadeira
- forno

Modo de fazer:

1. Coloque todos os ingredientes na tigela e misture bem.
2. Deixe a massa descansar cerca de 2-3 horas, ou durante toda a noite.
3. Coloque a massa numa tábua ou mesa enfarinhada e abra-a com o rolo de macarrão.
4. Use os cortadores de biscoitos (em forma de bonequinhos ou outros) para cortar os biscoitos.
5. Decore os biscoitos, se quiser, com uva-passa, e lasquinhas ou gotas de chocolate.
6. Distribua os biscoitos numa assadeira untada e asse à temperatura de 190^0 C durante 10-12 minutos.

Atividades para crianças mais velhas

■ Leia capítulos de livros. Nada é melhor para cultivar a paciência do que ter de esperar para saber o que vai acontecer. Ajude as crianças a discutir o livro com os amigos e a aprender a especular e prever a sequência de eventos.

■ Convide as crianças a escolherem algo que gostariam de ter em classe (por ex.: um jogo, uma série de blocos). Encoraje-as a fazerem projetos para angariar fundos. Explique o que devem fazer, passo a passo, para terem sucesso. Programe esta atividade para o meio do ano para as crianças terem tempo suficiente de curtir o que compraram.

O trabalho com a família: ideias para usar em casa

Atividades para crianças de todas as idades

■ Crie um sistema de mesada. Ajude as crianças a entenderem o processo de economizar dinheiro para comprar um brinquedo ou para realizar uma atividade especial. Procure uma loja que venda a prestações, use-a.

■ Cozinhe com as crianças. Asse pão, faça uma sopa ou prepare uma massa de biscoitos que exija descansar durante a noite (ver pp.52-54, receitas que você pode experimentar). Comemorem junto os passos que levam ao produto final.

■ Elabore um projeto que exija tempo para ser terminado, como pintar um móvel, fazer uma colcha de crochê ou reformar um quarto de dormir e peça ajuda às crianças.

■ Planeje uma viagem. Estude um mapa que o ajude a escolher um destino, peça folhetos às agências de viagens e faça uma poupança para pagar as despesas. Decida qual vai ser o guarda-roupa e tome providências para alguém cuidar da casa na sua ausência. Desenhe um gráfico que mostre os diferentes aspectos da viagem que precisam ser acionados (por exemplo, reservas em hotéis e arrumação das malas).

■ Leia um livro junto com a família toda noite depois do jantar, ou na hora de dormir. Discutam a mensagem. Ajude as crianças a especularem e se divertirem ao tentarem adivinhar a trama umas com as outras.

■ Mantenha um álbum de retratos da família e veja junto com as crianças de vez em quando. Oriente as crianças a desenvolverem o conceito da passagem do tempo. Uma forma interessante é deixá-las olharem para os próprios retratos e constatar as mudanças por que passaram.

■ Incentive as crianças a fazerem cartões artesanais – com cola, papel de fantasia e decorações especiais. Esse projeto deve durar vários dias e elas devem voltar a ele, avaliar o seu progresso e decidir sobre a decoração. Esses cartões podem ser enviados com mensagens de agradecimento, desejando uma boa semana, com "Eu te amo" etc.

Atividades para crianças mais velhas

■ Montem quebra-cabeças juntos. Escolha um canto da casa onde o jogo possa ficar durante algum tempo. O projeto certamente vai durar pelo menos algumas semanas e com certeza vai provocar um sentimento de satisfação quando estiver pronto.

■ Brinquem com um jogo como *Monopólio*, que continua ao longo do tempo. Guarde o tabuleiro num lugar seguro. Durante quanto tempo conseguem continuar jogando?

■ Procure uma loja no seu bairro que permita a seu filho comprar alguma coisa a prestações.

Livros para curtir com as crianças

Leia livros que ilustrem e incentivem a lealdade. Procure em sua biblioteca pública ou livraria local alguns daqueles sugeridos aqui. Cada um deles oferece oportunidades de conversar sobre paciência, antecipação, planejamento e/ou preparo.

Carlinhos precisa de uma capa, Tomie Paola
Macaquinho, Ronaldo Simões Coelho

Orgulho

O que é Orgulho?

ORGULHO é a percepção que temos
de nosso próprio valor. É autorrespeito.
ORGULHO é também o prazer especial
que sentimos quando terminamos uma tarefa
que exige muito esforço,
alcançamos um objetivo difícil,
ou adquirimos algo
que queríamos muito.

Por quê o Orgulho é importante?
Coisas para os adultos pensarem

■ O orgulho está associado à luta. Aquilo que ganhamos sem esforço é considerado ponto pacífico. Quando lutamos para obter algo, esse esforço gera um sentimento de satisfação que leva ao orgulho.

Qual foi a sua última luta? Deixou você orgulhoso?

■ Em geral, o orgulho alimenta a motivação. Ter orgulho do nosso trabalho incentiva-nos a ser produtivos e a procurar qualidade. O orgulho de uma equipe impulsiona a competição. Muitas vezes, o orgulho está na base das decisões que tomamos.

Que decisões são baseadas realmente no orgulho? Por exemplo, aceitar ou não a ajuda de alguém, recusar admitir erros ou indiscrições, escolher uma linha de trabalho e assim por diante.

■ O orgulho tem muitos aspectos. Quando é equilibrado com a temperança, sentimo-nos felizes, gratificados e contentes. O orgulho em demasia gera arrogância e convencimento.

Procure encaixar as pessoas que você conhece em todas as categorias. Em qual você se encaixa? Esteve sempre nessa categoria? O que é diferente agora?

■ Ter orgulho de si mesmo reforça a autoestima.

Liste suas características pessoais das quais se orgulha.

■ A prática de algumas virtudes pode alimentar o orgulho. Quando honramos os nossos compromissos e exercemos a paciência, a tolerância e a empatia, sentimos orgulho dos nossos esforços.

Pense num compromisso que você está honrando. Sente orgulho disso? Qual foi a última vez em que você exerceu a paciência? Como se sentiu?

Conversas com as crianças sobre Orgulho

O orgulho é um valor que precisamos cultivar? Converse com as crianças sobre as perguntas abaixo e veja o que elas pensam.

■ Você já fez alguma coisa da qual se orgulha? Teve de trabalhar para isso, praticar, lutar antes de conseguir? De que mais você sente orgulho? De alguma coisa que você herdou ou de algo que outras pessoas têm em alta consideração?

■ Pense em alguma coisa pela qual você teve de lutar muito para conseguir, como andar de bicicleta, fazer bolas de sabão ou assobiar. Por quê sentiu orgulho depois de dominar essa capacidade?

■ Com crianças pequenas, cante as letras do alfabeto. Incentive-as a se lembrarem do que sentiram quando finalmente dominaram o alfabeto. As crianças mais velhas podem citar alguns desafios que estão enfrentando no presente.

■ Você pertence a algum grupo em relação ao qual sente prazer ou orgulho de fazer parte?

■ Sentir demasiado orgulho por nossas conquistas ou nossas posses pode nos tornar convencidos, arrogantes e difíceis de conviver. Você consegue se lembrar de alguém que demonstra orgulho exagerado? E você, já foi orgulhoso demais algum dia?

Desenvolva a capacidade de expressão verbal das crianças e continue sua discussão sobre orgulho usando as seguintes palavras ao longo do dia:

realização	compromisso	motivação	luta
conquista	esforço	prática	
desafio	objetivo	orgulho	

Atividades para a sala de aula

Para crianças de todas as idades

■ Faça um projeto que envolva todas as crianças. Por exemplo, convide-as a tentarem tipos diferentes de tecelagem. Distribua tiras de papel de 5 cm de largura para elas fazerem uma esteirinha. Peça para enfeitarem uma bandeja de isopor com laços e rendas. Apresente teares e pedaços de tecidos para elas criarem pegadores de panela. Quando todos terminarem, discuta a diferença entre fácil e difícil.

■ As crianças devem ser incentivadas a dar sempre o melhor de si em tudo o que fazem. Discuta como os nossos esforços e a qualidade do nosso trabalho são geralmente vistos como um reflexo de nós mesmos.

■ Incentive as crianças a descrever os passos para completar os projetos. Acentue que para ter orgulho do nosso trabalho precisamos exercitar a paciência e nos comprometermos a terminar antes mesmo de começar.

■ O orgulho tanto pode ser uma motivação quanto um companheiro de outras virtudes discutidas neste livro. Quando fizer algumas das atividades dos outros capítulos, veja se o orgulho está envolvido como força motivadora, um companheiro, ou ambos.

■ Peça às crianças para pensarem nas coisas que sabem fazer (como um desenho, construir um caminho, andar de bicicleta, amarrar os cadarços, ler). Pergunte quantas vezes fracassaram antes de conseguirem aprender. Incentive-as a dizer "Eu pratiquei", em vez de "Eu fracassei" ou "Eu não consegui".

EU PRATIQUEI!

Atividades para crianças mais velhas

■ Incentive as crianças a se envolverem num projeto de prestação de serviços à comunidade do qual possam se orgulhar. Conte histórias sobre outras crianças e seus projetos.

■ Ajude as crianças a inventarem uma canção para a sua classe. Cante a nova letra com melodias já conhecidas, como "Rema, rema, remador" ou "O cravo brigou com a rosa". As crianças também gostam de desenhar uma bandeira para a classe.

O trabalho com a família: ideias para usar em casa

Atividades para crianças de todas as idades

■ Use os elogios apropriadamente. Seja específico, concentre-se mais no andamento do processo do que numa avaliação do produto final. Evite comparações e competição. Use comentários diretos com tom de voz natural. "Estêvão, gostei do seu jeito de incluir a Mariana no jogo."

■ Conte às crianças algumas de suas conquistas e ideias. Demonstre seu orgulho. Discuta seu raciocínio ao longo do caminho. Você se perguntou conscientemente se poderia ter feito algo melhor?

■ Quando um filme que você vai assistir com seu filho tiver como tema o orgulho, use-o como trampolim para uma discussão. *O Rei Leão* é um bom exemplo. Simba estava cheio de orgulho falso até a tragédia o obrigar a reavaliar sua situação. Ele aprendeu que o respeito precisa ser conquistado.

■ Tenha cuidado quando selecionar as conquistas de seus filhos pelas quais você quer demonstrar orgulho. Por exemplo, mostrar orgulho porque a criança venceu um concurso de beleza ou um jogo pode transmitir a mensagem errada aos menores. Eles podem entender que o valor pessoal se baseia em critérios superficiais, em vez de qualidades intangíveis como a bondade, a capacidade de honrar um compromisso, a inteligência e a cooperação.

■ Experimente esta atividade durante o jantar: ande em volta da mesa e peça a cada um para completar "Sinto orgulho de mim por ..." ou "Sinto orgulho de ... por ..."

■ Reúna todo mundo para inventarem juntos um totem que mostre o orgulho de sua família. Use caixas vazias de aveia ou latas de café. Com papel colorido, pedaços de tecidos, sobras de materiais variados e objetos naturais, decore cada uma com motivos que mostrem algo a respeito de sua família. Inclua coisas como herança, língua e valores que você considera importantes, como bondade, honestidade, justiça e responsabilidade.

■ Ensine as crianças a usar expressões positivas quando falarem de si próprias, como "As crianças não me conhecem", em vez de "As crianças não gostam de mim". Nosso senso de orgulho pessoal pode ser intensificado ou diminuído pelas coisas que dizemos a nós próprios.

■ Reafirme o sucesso das crianças atribuindo-o a seus esforços ou a outras coisas sobre as quais elas têm algum controle.

■ Quando se aproximar um momento ou acontecimento importante para o seu filho, como entrar para a escola, comemore a ocasião especial e memorável. Demonstre o seu orgulho por ele.

Livros para curtir com as crianças

Leia livros que ilustrem e incentivem o orgulho, que ofereçam oportunidades de discutir o orgulho saudável e apropriado, ou o orgulho inadequado e arrogante.

O Ser/O Ter, Sonia Salerno Forjaz
A sorte de Pipo, Matze Doebelle

Criatividade

O que é Criatividade?

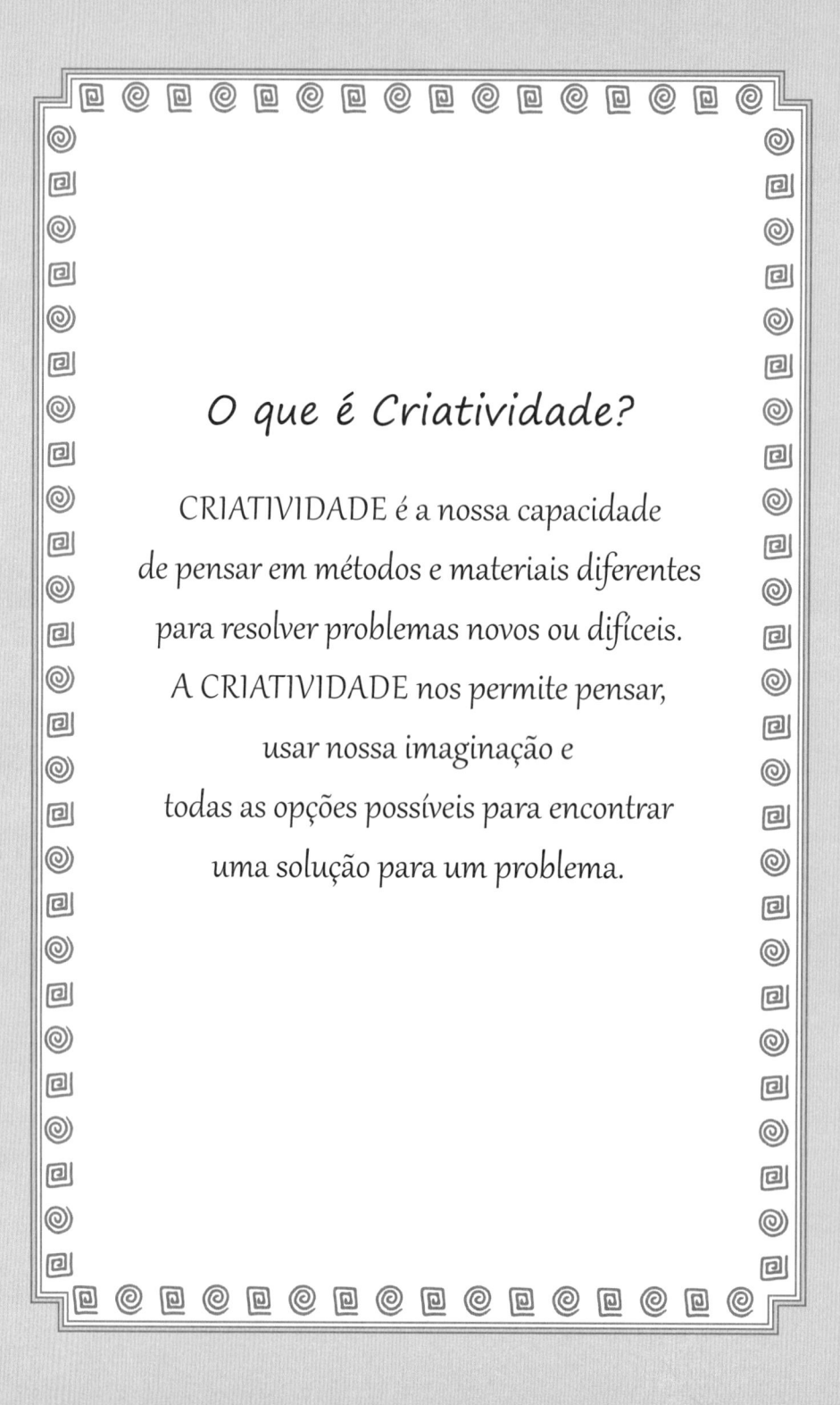

CRIATIVIDADE é a nossa capacidade
de pensar em métodos e materiais diferentes
para resolver problemas novos ou difíceis.
A CRIATIVIDADE nos permite pensar,
usar nossa imaginação e
todas as opções possíveis para encontrar
uma solução para um problema.

Por quê a Criatividade é importante?
Coisas para os adultos pensarem

■ A criatividade foi um recurso necessário aos homens que fundaram comunidades e lares em terras que, muitas vezes, não dispunham de recursos adequados.

Muitas pessoas precisam ser criativas quando são obrigadas a se mudar para uma região que requer recursos diferentes para a sobrevivência. Nos tempos antigos, por exemplo, as tribos que sobreviviam como caçadores foram obrigadas a aprender agricultura e tecelagem. Estar disposto a adquirir novas qualificações em tempos de crise é uma das formas da criatividade.

Quando você era criança e tinha de aprender algo novo, como se sentia? Ameaçado? Ansioso? Inadequado? Capaz? Agora que é adulto, como se sente quando tem de aprender algo novo?

■ Frequentemente, por negligenciarmos os recursos materiais e naturais, nos tornamos uma sociedade do desperdício. No passado, quando um móvel quebrava, era consertado, não jogado fora como hoje acontece frequentemente. Às vezes esquecemos – ou negligenciamos – a necessidade de pensar em novas formas de usar coisas antigas.

É possível que quanto menos recursos temos mais precisamos exercer a nossa criatividade? Será que a criatividade está relacionada ao respeito pelos recursos?

■ Durante as últimas décadas, a maioria das escolas concentrou-se no currículo que ensina o pensamento convergente e a memorização pura e simples. Com este modelo, as crianças têm pouca ou nenhuma oportunidade de praticar a sua capacidade de resolver problemas e desenvolver o pensamento individual. Como cada matéria tem um determinado período de tempo para ser estudada, as crianças não são encorajadas a transferir informações e capacidades adquiridas numa parte do currículo para a outra.

Descreva seu/sua professor/a mais memorável. Que métodos de ensino ele/ela usava? Por que esse/a professor/a ficou na sua memória?

■ A Era Eletrônica é responsável pela criação de equipamentos que resolvem a maioria dos nossos problemas. Muitas atividades que exigiam e permitiam a prática da capacidade de resolver problemas são realizadas hoje eletronicamente com o simples apertar de alguns botões.

Qual foi a última vez que você levantou a capota do seu carro para ouvir e diagnosticar um problema das engrenagens? E que você passou horas na biblioteca debruçado sobre os livros em busca de uma determinada informação? Consegue se lembrar de tarefas e problemas que as pessoas assumiam no passado e que hoje são realizadas por computador? Isso é sempre uma coisa boa?

■ Muitas vezes, a criatividade está no fundo das grandes descobertas. Os blocos de notas autoadesivos são um bom exemplo. O objetivo inicial da empresa 3M era chegar a uma supercola. Em vez de jogar fora as colas que não deram certo, alguém encontrou um bom uso para uma delas. Que façanha! A criatividade pode assumir uma forma produtiva no meio do fracasso.

Descreva um fracasso recente seu. Você tentou de novo? O que aconteceu? Que recursos você usou?

■ Muitas vezes é a criatividade que transforma o desastre em oportunidade. A empresa Merck trabalhou durante cinco anos para encontrar um remédio que curasse a cegueira de que sofrem muitas pessoas em alguns países em desenvolvimento. Sua equipe de pesquisa conseguiu chegar a um bom medicamento, mas a empresa não conseguiu vendê-lo para um grupo filantrópico, como era o objetivo inicial. Em vez de desistir do produto, o que teria sido um desperdício terrível, a empresa doou o remédio para quem estava precisando. Criou e financiou inclusive canais de distribuição. Essa decisão resultou num grande impulso ao prestígio da companhia, que levou a uma ampla publicidade positiva e a um aumento no valor de suas ações. A criatividade pode assumir a forma de oportunidade no meio de um desastre.

Você já transformou uma calamidade aparente numa oportunidade de ouro? O que você fez?

■ Avalie sua capacidade de resolver problemas. Você os enfrenta imediatamente ou precisa de tempo para refletir? O que mais importa – o tempo que leva para resolver o problema ou conseguir chegar a uma solução? Você tem talento para resolver problemas? Como se sente quando chega a uma solução?

Pense num problema que resolveu recentemente. Use-o para avaliar a sua capacidade e o seu estilo pessoal.

Conversas com as crianças sobre Criatividade

A criatividade é um valor que precisamos cultivar? Converse com as crianças sobre as perguntas que se seguem e veja o que elas pensam.

■ Como se sente quando chega à solução de um problema? Pense num problema que você resolveu, como não ter a quantidade necessária de alguma coisa (por exemplo, blocos para terminar uma construção), ou tentar ensinar algo de difícil compreensão. O que você fez? Como se sentiu ao se deparar com o problema? E quando encontrou a solução?

■ Quando você tem um problema pensa em formas de resolvê-lo na mesma hora? Ou precisa de tempo para pensar? Pede ajuda? Como reage? A nossa forma de enfrentar um problema difere de acordo com as preferências individuais e com a situação. O importante é agir de forma a resolver ou melhorar a situação.

■ Pergunte às crianças mais velhas como tomam as suas decisões. Preferem o caminho mais fácil – aquele que é rápido e não exige esforço? Fazem uma lista dos prós e contras? Peça para pensarem numa decisão que tomaram recentemente. Tomariam essa mesma decisão agora? Por quê sim? Por quê não?

Desenvolva a capacidade de expressão verbal das crianças e continue sua discussão sobre criatividade usando as seguintes palavras ao longo do dia:

criatividade	materiais	recursos	exploração
imaginação	oportunidade	soluções	
engenhosidade	problemas	úteis	

Atividades para a sala de aula

Para crianças de todas as idades

■ Mude regularmente os materiais usados na sala de aula. Incentive a exploração. Peça às crianças para olharem à sua volta em busca de objetos e materiais que têm mais de um uso (por exemplo, canudinhos de plástico para tomar suco, soprar tinta, cortados para serem trançados etc.). Estimule as crianças a usarem os materiais de formas inusitadas.

■ Incentive a independência. As crianças devem encontrar formas de ajudar umas às outras a vestir as batas que usam nas aulas de artes plásticas ou a resolver um problema com uma construção feita com blocos, por exemplo.

■ Apresente situações e problemas para as crianças refletirem e encontrarem uma solução. Por exemplo, "O que aconteceria se não existissem rodovias?" ou "Como seria o mundo se não tivesse a cor azul?"

■ Crie um centro de reciclagem para os materiais da sala de aula. Peça às crianças para fazerem uma lista das razões para reciclar os materiais.

■ Brinque de perguntar "O que é, o que é?" Mostre objetos/materiais diferentes. Quantos usos diferentes elas poderiam dar a cada um deles? Dê bastante tempo para pensarem e apresentarem outras opções. Por exemplo, as crianças podem dizer que os prendedores de roupa podem ser usados para fechar um saco de salgadinhos, segurar uma esponja ou fazer um animal. Se você esperar um pouco mais, pode ouvir outras ideias, como "segurar um prego enquanto você bate o martelo nele".

■ Uma variação da atividade anterior seria apresentar objetos que têm mais de um uso. Por exemplo: existem lápis de muitas formas e tamanhos que podem ser usados de muitos jeitos diferentes – lápis de desenho, lápis para fazer rascunho, lápis grosso, lápis de cor, lápis fino e assim por diante. Converse sobre as maneiras de usar um lápis. Que coisas você pode fazer com eles? Como as mudanças na forma tornam os lápis mais úteis?

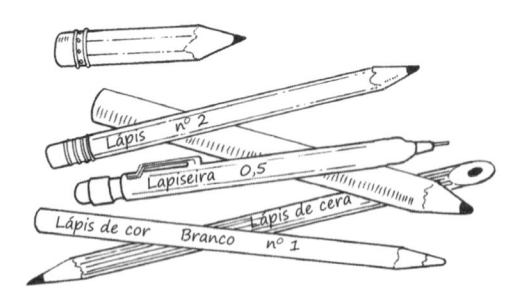

■ Apresente problemas para as crianças resolverem. Pense numa forma de tornar mais fácil pegar as últimas unidades de um saco grande de salgadinhos.

■ Ofereça o máximo possível de opções nas atividades diárias da sala de aula. As crianças precisam praticar pesar os prós e contras das diversas possibilidades.

■ Envolva a classe em processos de tomada de decisões. Talvez a decisão seja para onde ir numa viagem de campo, que tipo de animal de estimação conseguir para a sala de aula ou como escolher diariamente um colega para fazer algumas atividades.

O trabalho com a família: ideias para usar em casa

Atividades com crianças de todas as idades

■ Deixe as crianças resolverem os seus problemas. Fazer sempre as coisas para elas estimula a dependência e impede a prática da criatividade.

■ Incentive a independência. Ensine seus filhos a calçar as meias e os sapatos assim que for possível; convide-os a escolher suas roupas todo dia, permita que eles mesmos se sirvam de suco, selecionem a história da hora de dormir e tomem suas próprias decisões sempre que houver uma chance.

■ Dê exemplos de resolução de problemas. Converse sobre o seu dia, fale de suas dificuldades, das situações novas com que você se deparou e como reagiu a elas. Por exemplo, seu computador travou no meio de uma tarefa cujo prazo estava estourando; ou você chegou a seu emprego essa manhã e descobriu que tem um novo chefe, ou teve de enfrentar um cliente mal educado, ou talvez precise de alguma coisa cujo estoque acabou.

■ Quando seus filhos enfrentarem um problema ou situação nova, ajude-os a considerar os prós e contras, faça perguntas e reflita sobre as consequências das várias respostas. Demonstre o processo usado para resolver os problemas – pense em soluções possíveis, escolha uma, faça o teste da realidade, avalie os resultados. Ajude seus filhos a internalizarem esse processo.

■ Mantenha uma caixa para objetos descartados, como caixas de leite, rodas de bicicleta e de carro, folhas grandes de papelão, relógios velhos e aparelhos eletrodomésticos que não funcionam mais. Trabalhe com seu filho para construir algo novo com eles.

■ Muitas vezes, os programas de televisão giram em torno de uma solução para um determinado problema. Embora geralmente o problema seja resolvido, o método usado e o raciocínio exigido não são evidentes para as crianças. Discuta esses programas com seus filhos e ajude-os a perceber o processo de solução dos problemas.

■ Muitos personagens de ficção são exemplos explícitos de criatividade para as crianças. Use histórias e vídeos como trampolins para a discussão.

■ Quando as crianças se deparam com a necessidade de tomar uma decisão, ensine-as a pesar os prós e contras. Peça para fazerem uma lista e, no final, voltar a ela e colocar um sinal na frente de cada item importante. Por exemplo, as crianças podem estar tentando resolver como gastar a mesada – num peixinho para o aquário ou num jogo. Muitos fatores vão contribuir para a lista de prós e contras, entre eles preço, uso, longevidade, cuidados exigidos e diversão esperada.

PEIXE

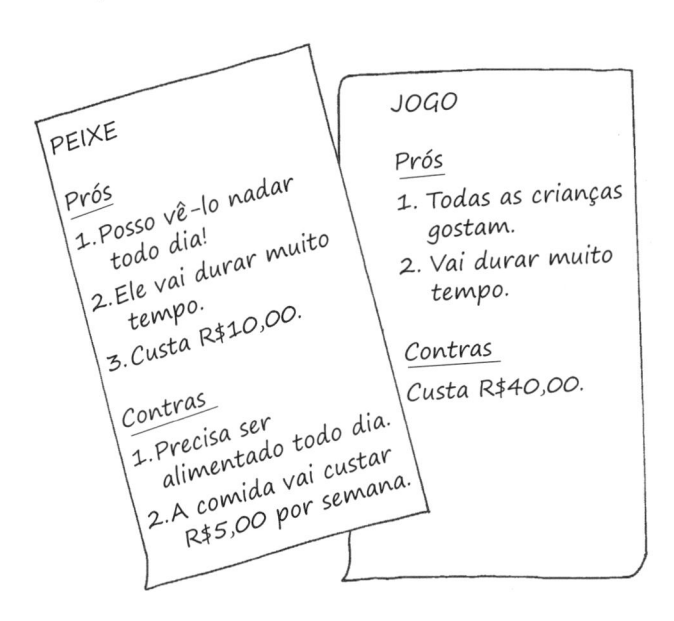

Prós
1. Posso vê-lo nadar todo dia!
2. Ele vai durar muito tempo.
3. Custa R$10,00.

Contras
1. Precisa ser alimentado todo dia.
2. A comida vai custar R$5,00 por semana.

JOGO

Prós
1. Todas as crianças gostam.
2. Vai durar muito tempo.

Contras
Custa R$40,00.

Livros para curtir com as crianças

Leia livros que ilustrem e incentivem a criatividade. Procure em sua biblioteca pública ou livraria local alguns daqueles sugeridos aqui. Cada um deles oferece oportunidades de discutir a criatividade, a capacidade de resolver problemas e explorar novas possibilidades.

Bichos fantásticos: Como é bom sermos diferentes, Gian Calvi
Bichos fantásticos: Como é bom sermos amigos, Gian Calvi
Bichos fantásticos: Como é bom sermos colaboradores, Gian Calvi
Caixa de surpresas, Claudia Ramos
Mundaréu, Celso Sisto

Respeito

O que é Respeito?

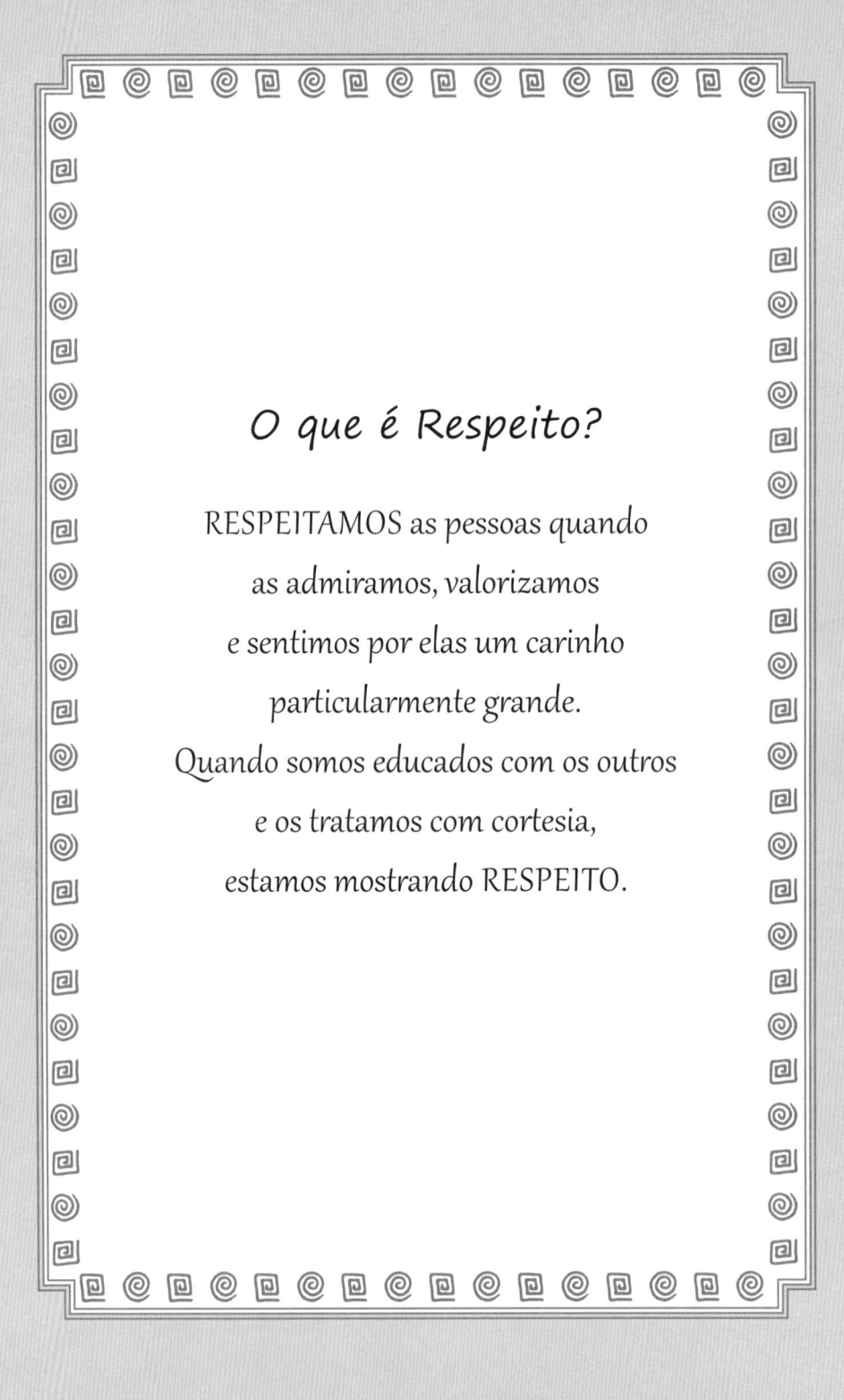

RESPEITAMOS as pessoas quando
as admiramos, valorizamos
e sentimos por elas um carinho
particularmente grande.
Quando somos educados com os outros
e os tratamos com cortesia,
estamos mostrando RESPEITO.

Por quê o Respeito é importante? Coisas para os adultos pensarem

■ Nosso respeito pelos indivíduos pode ter um efeito profundo sobre nós. Muitas vezes, as pessoas que admiramos servem de exemplo para a nossa vida. Quem e o que respeitamos desempenha um papel significativo para definir quem somos. Quantos artistas não seguiram a liderança de Pablo Picasso e Leonardo da Vinci? Quantos pacificadores não tentaram imitar a postura de Gandhi?

Pense nas pessoas que você respeitava quando era criança e adolescente. Elas serviram de modelo para você? Consegue ver comportamentos e atitudes característicos delas em você que foram moldados por aqueles por quem você tem consideração?

■ O respeito é algo conquistado ou é ganho em determinadas situações? É uma recompensa individual ou pode ser obtido só pelo fato de pertencer a um certo grupo?

Muitos de nós aprendemos a respeitar os mais velhos, simplesmente devido a sua idade. Isso ainda é válido hoje em dia? Deveria ser? A maioria dos adultos cresceu com pais que respeitavam as autoridades só em virtude de seu cargo. Agora isso não acontece mais. O que você acha?

■ Passamos de uma sociedade que concordava coletivamente de quem e do que merecia nosso respeito para outra mais concentrada na determinação individual? Deixamos de ser uma sociedade que garante automaticamente o seu respeito e passamos a ser outra que apenas respeita aqueles que merecem? Em que critérios você acha que o respeito deveria se basear?

Quais são as coisas que você respeita? Cite algumas pessoas que merecem o seu respeito. O que elas têm que você admira? A mídia afetou suas escolhas? Se afetou, de que maneira?

■ Há tipos diferentes de respeito – aceitação, consideração, admiração, apreço, honra.

Pense em um exemplo para cada categoria de respeito.

■ Será que estamos satisfeitos por fazer parte de uma cultura que, em geral, admira ou respeita incondicionalmente as pessoas só por sua condição de astros e estrelas? Ou preferimos conduzir nossos filhos a uma definição mais bem pensada de quem merece nossa admiração e respeito?

Faça uma lista de critérios para a definição de respeito.

■ Nossas leis (como, por exemplo parar no sinal vermelho, respeitar os direitos de propriedade etc.) deveriam ser decididas através de um esforço coletivo? As leis deveriam ser aceitas incondicionalmente?

Pense num exemplo em que a desconsideração ou desobediência de uma lei pode ser justificada. Qual meio você acredita ser mais eficaz para definir e manter um corpo jurídico justo e equitativo?

■ Henry David Thoreau* escreveu: "A terra é mais para ser admirada do que para ser usada." Promover o respeito e o cuidado com o meio ambiente é uma questão importante hoje.

Você concorda com Thoreau? O que significa admirar ou respeitar a terra? Como você mostra respeito por ela?

---

* O seu livro mais importante *Walden ou a Vida nos Bosques* levou gerações inteiras a redescobrir a terra, a natureza, os bichos e as estrelas, e é lido e amado no mundo inteiro como um ícone pelo respeito à liberdade individual e aos direitos à diferença e à diversidade. (N.E.)

Conversas com as crianças sobre Respeito

O respeito é um valor que precisamos cultivar? Converse com as crianças sobre as perguntas abaixo e veja o que elas pensam.

■ Pergunte o que respeito significa para elas. Talvez ainda não tenham uma definição, mas podem conseguir dar um exemplo.

■ Peça-lhes para dizerem quem e o que elas respeitam ou admiram, e por quê.

■ Ajude as crianças a entender que nosso prazer com as coisas belas da natureza está vinculado ao respeito – admiramos tanto a natureza que queremos cuidar dela.

■ Discuta o respeito pelas regras, como não machucar os outros e não destruir algo que pertence a outra pessoa. Ajude as crianças a entenderem que respeitar as regras é uma forma de respeitar as pessoas. O respeito protege nossos próprios direitos, assim como os direitos dos outros.

Desenvolva a capacidade de expressão verbal das crianças e continue sua discussão sobre respeito usando as seguintes palavras ao longo do dia:

aceitação	cortesia	preservar	respeitar a si mesmo
admirar	honra	proteger	
valorizar	polidez	respeitar	

Atividades para a sala de aula

Para crianças de todas as idades

■ Uma das melhores formas para as crianças internalizarem a noção de respeito é serem tratadas com respeito. Permita-lhes uma parceria real em seu aprendizado. Incentive-as a fazer sugestões e valorize suas ideias incluindo as sugestões delas em seu planejamento escolar. Ouça-as com atenção e responda com seriedade às suas perguntas.

■ Proponha lições e atividades que ensinem o respeito. As lições sobre o eu podem aumentar a autoestima e promover o respeito das crianças por si mesmas. A ecologia e as aulas sobre animais podem enfatizar o respeito pelo meio ambiente e pelos seres vivos. As lições sobre família e amigos podem estimular o respeito por outras pessoas.

Eu – Incentive as crianças a criarem correntes de papel de "respeito". Convide-as a decorar pedaços de papel que ilustrem como elas respeitam e cuidam de si mesmas. Cole os pedaços de papel em corrente para formar um círculo.

Ecologia – Convide as crianças a conhecer uma árvore e ouvir "as batidas de seu coração". A primavera é a melhor época para fazer essa experiência. Escolha uma árvore que tenha pelo menos 15 cm de diâmetro e, de preferência, com uma casca fina. Explique a função de um estetoscópio e incentive-as a encostá-lo na árvore para ouvir "a vida" que circula nela, exatamente como o sangue em nosso corpo.

Família e amigos – Faça um brainstorming *para criar uma lista que mostre como os familiares e amigos respeitam e cuidam uns dos outros. Converse sobre a forma pela qual os membros da família trabalham juntos para cuidar de todos.*

Animais – Faça uma viagem de campo até uma fazenda. Converse sobre as formas pelas quais os animais cuidam de nós. Por exemplo, as vacas nos dão o leite, os bois ajudam-nos no trabalho, os cavalos nos transportam para vários lugares, as galinhas nos dão ovos e carne, os carneiros nos dão a lã e assim por diante. Como nós cuidamos dos animais?

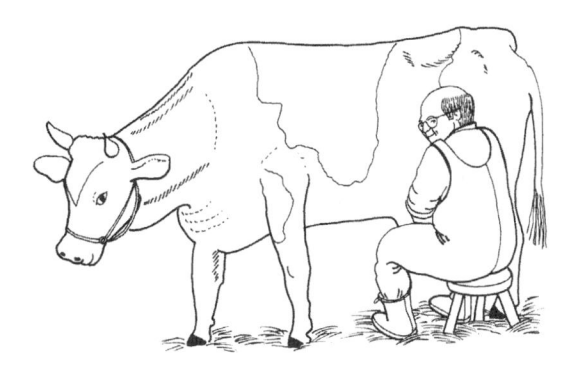

■ Converse com as crianças sobre as pessoas e as coisas que você respeita. Não deixe de enfatizar como escolhe quem e o que você respeita. As pessoas que você respeita têm características em comum? Que ideias e instituições você respeita?

■ Quando as crianças expressarem admiração por super heróis (ou outros personagens quaisquer), discuta os sentimentos delas. A sua admiração é justificada? Elas admiram ou consideram alguém ou alguma coisa só porque seus amigos admiram ou consideram esse alguém ou essa coisa? O que esse personagem tem de especial ou admirável que elas respeitam?

■ Incentive as crianças a praticarem mostrar respeito usando um cetro – antigo símbolo de autoridade – durante as atividades em círculo ou as discussões em grupo. Pegue um bastão de uns 30 cm de comprimento e peça às crianças para decorá-lo com pinturas, plumas, fios, laços e outros materiais. Passe o cetro pelo círculo. Quem o estiver segurando tem a palavra e os outros devem escutar atentamente.

■ Convide cidadãos idosos a participarem das atividades da classe. A interação vai estimular o desenvolvimento do respeito em ambas as direções.

Respeito

■ Incentive as crianças a criarem redes de características para os personagens de uma história. Depois de ler ou contar uma história, escreva o nome do personagem principal num papel quadriculado. Peça às crianças para descreverem a maneira de ser e os atos do personagem principal. Esse personagem tem traços de caráter que admiramos? Quais são? As crianças gostariam de ser como ele?

Viu a moça ir embora (triste)
Esperou na fila (paciente)
Explorou a loja (curioso)
Alexandre
Enfrentou um cachorro bravo (corajoso)
Procurou consertar (criativo)

O trabalho com a família: ideias para usar em casa

Atividades para crianças de todas as idades

■ Respeite seus filhos. Preste atenção às suas ideias. Tente pôr em prática as suas sugestões, inclua essas sugestões nas conversas, dê-lhes o benefício da dúvida, forneça opções, converse com eles de igual para igual, reconheça seus esforços. Se tiver de lhes dizer "não", não deixe de explicar porquê. Se estiver pensando em planejar uma viagem ou um evento, não esqueça de incluí-los no planejamento.

■ Dê exemplo de respeito pelas leis. Não transgrida uma lei ou regra e depois espere que seu filho a obedeça. Por exemplo, se você levar para casa uma toalha de banho que pegou num hotel onde ficou hospedado durante sua viagem, não espere que seu filho deixe de roubar.

■ Converse sobre as pessoas que você respeita. Enfatize os traços de caráter que você admira (como honestidade, bondade, responsabilidade, por exemplo) de cada uma delas.

■ Ajude seus filhos a usarem um julgamento crítico construtivo ao selecionar seus heróis. Faça perguntas para testar seus critérios. Por exemplo "De que você gosta em ...? Como é esse personagem? O que ele tem de diferente?".

■ Ensine seus filhos a compreenderem que o respeito pela propriedade é uma extensão do respeito por seu dono. Comece respeitando o que é propriedade deles. Bata na porta antes de entrar no quarto de seu filho. Não pressuponha que não vai ter problema doar um certo bichinho de pelúcia para as campanhas de Natal, seu filho ainda pode estar apegado a ele. Não abra a correspondência de seu filho a não ser que ele lhe peça ajuda. Incentive seus filhos a tratarem com respeito as coisas das outras pessoas.

■ Dê a seus filhos muita atenção positiva. Em nossa condição de pais e mães, às vezes caímos na armadilha de vigiar nossos filhos para os "surpreendermos" fazendo alguma coisa errada. Esqueça isso. Tente surpreendê-los fazendo algo bom, carinhoso, dando mostras de amizade. Mostre respeito por eles. Faça-os saber que esse é o tipo de comportamento que você espera deles.

■ A maioria de nós ouviu e disse coisas como "Você é igualzinho a seu pai" ou "Sua tia Carina sempre adorou gatos". Converse sobre as características e comportamentos que seus filhos têm em comum com outros membros da família. Oriente-os para que eles vejam que podemos escolher as pessoas e os comportamentos que nos servirão de exemplo mais tarde. Proporcione-lhes oportunidades de terem contato com bons exemplos.

■ Leve seu filho para passear numa praça. Pare e abrace uma árvore. Chame atenção para as flores, a grama, os arbustos. Converse sobre as maneiras como as pessoas e as plantas cuidam umas das outras. O que você pode fazer para cuidar melhor da terra?

■ Visite um jardim zoológico, uma fazenda ou uma *Pet Shop*. Converse sobre as maneiras como os bichos cuidam de nós. Por exemplo, eles nos amam e nos fazem companhia, dão para nós leite, lã e assim por diante. Como podemos cuidar dos animais?

■ Tenha cuidado com o que você diz. Costumamos usar gírias sem pensar no significado. Você já fez um comentário sobre alguma atividade dizendo que era um "programa de índio"?, ou que alguém é "jeca"?, já ouviu ou usou o verbo "judiar"? Preste atenção ao que você diz e ao que os seus filhos dizem. Converse sobre como as palavras podem ser desrespeitosas e ofensivas.

Livros para curtir com as crianças

Leia livros que ilustrem e incentivem o respeito. Procure em sua biblioteca pública ou livraria local alguns daqueles sugeridos aqui. Cada um deles oferece oportunidades de discutir o respeito.

Estorinha de caçador, Tatiana Belinky
Os dez gigantes, Cristina Lavrador Alves
Eu, Tu, Ele, Cristina von / Victor S. Forjaz
Casa pequena, Angela Lago
Gente, bicho, planta: O mundo me encanta, Ana M. Machado
Nzuá e o arco-íris, Julio D'zambé e Débora D'Zambé

Responsabilidade

O que é Responsabilidade?

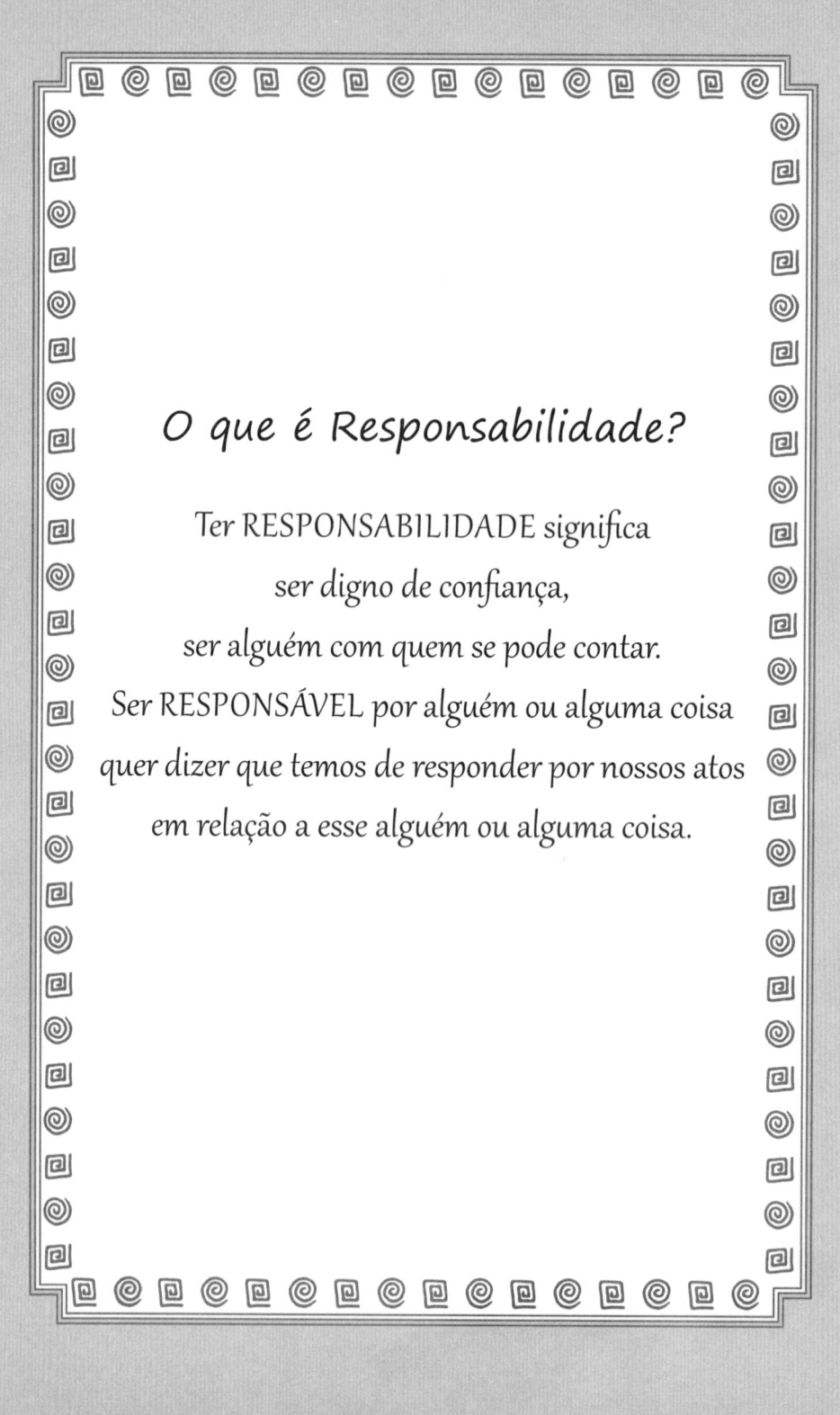

Ter RESPONSABILIDADE significa
ser digno de confiança,
ser alguém com quem se pode contar.
Ser RESPONSÁVEL por alguém ou alguma coisa
quer dizer que temos de responder por nossos atos
em relação a esse alguém ou alguma coisa.

Por quê a Responsabilidade é importante?
Coisas para os adultos pensarem

■ A responsabilidade é mais que apenas um traço de caráter; é um atributo que determina como reagimos a situações da vida cotidiana que exigem algum tipo de decisão moral. Você é responsável por cumprir suas promessas, usar seus recursos, lançar mão da tolerância e da paciência, ser honesto e justo, alimentar a sua coragem, mostrar sua capacidade de cooperação e assim por diante? Há muitas maneiras de definir a responsabilidade e outras tantas de demonstrá-la – sendo um membro confiável de uma instituição, grupo ou família; respondendo por nossos atos; cuidando de nossos pertences, animais de estimação etc.

O que responsabilidade significa para você?

■ Muitas vezes as pessoas são irresponsáveis porque supõem que alguém vai fazer as coisas em seu lugar. Isso acontece em comitês, no escritório, na família e na sala de aula.

Pense em situações nas quais você observou a ligação entre uma ou mais pessoas irresponsáveis com outras responsáveis. A distribuição da carga lhe pareceu justa? Como era a relação entre essas pessoas?

■ Quando estamos com pressa, muitas vezes achamos mais fácil fazer tudo sozinhos. Muitas vezes também não queremos desperdiçar o nosso tempo ensinando alguém a nos ajudar.

Em nossa sociedade apressada, as famílias dedicam cada vez menos tempo a ensinar as crianças a serem responsáveis, ou a lhes dar oportunidades de praticarem a responsabilidade.

Pense nas pessoas que você conhece. Em geral elas delegam a responsabilide? Ou fazem as coisas elas mesmas? Comportam-se de maneira diferente no trabalho e em casa? Com amigos e com a família?

■ Parte da responsabilidade exige fazer boas escolhas. Isto significa ter tempo para avaliar nossas opções. Em geral, as crianças estão sobrecarregadas pelo excesso de opções – atividades extracurriculares, brinquedos, compras. Quando há opções demais, a maioria das crianças não opta por nenhuma. As crianças com menos de sete anos fazem escolhas melhores e mais defensáveis se puderem escolher no máximo entre três opções.

Quantos presentes as crianças que você conhece ganham nas festas de fim de ano, nos aniversários ou em ocasiões especiais? Com quantos brinquedos elas realmente costumam brincar? Como deveriam ser apresentadas as atividades extracurriculares para as crianças poderem escolher e se envolver com elas?

■ As pessoas motivadas internamente assumem a responsabilidade pelo que acontece em sua vida. Quando se deparam com um problema, procuram encontrar soluções dentro de si mesmas. As pessoas motivadas externamente procuram fora de si mesmas as soluções e tentam culpar alguém ou alguma circunstância quando algo dá errado.

Pense nos traumas da vida – a perda do emprego, um divórcio, uma crise financeira, um acidente de carro, um prazo perdido. Como enfrentá-los de maneira responsável?

■ O que acontece quando você fica dividido entre duas responsabilidades conflitantes? Por exemplo, quando uma reunião importante no escritório e outra na escolinha maternal de seu filho são marcadas para o mesmo dia, no mesmo horário?

O que você faz em situações onde há conflito entre suas responsabilidades e obrigações? O que acontece quando o conflito é entre uma coisa que você planejou durante muito tempo e uma necessidade premente de um membro da família? Você sacrificaria a satisfação de suas próprias necessidades para socorrer alguém? A responsabilidade exige sacrifícios? O que você tem a dizer sobre a responsabilidade por si mesmo?

■ As sociedades agrárias dependiam da família na distribuição das responsabilidades para cultivar a terra, cuidar dos animais e da manutenção da propriedade. Agora que não vivemos mais numa sociedade agrária e que a tecnologia diminuiu a nossa carga de trabalho, as crianças vão para a escola e, quando voltam para casa, têm poucas responsabilidades.

Você conseguiria pensar em formas de recriar aquele senso de responsabilidade nas famílias de hoje?

Conversas com as crianças sobre Responsabilidade

A responsabilidade é um valor que precisamos cultivar? Converse com as crianças sobre as perguntas abaixo e veja o que elas pensam.

■ O que significa ser responsável? Por quais coisas você é responsável?

■ Você tem responsabilidades na sala de aula? E em casa?

■ As pessoas têm mais ou menos responsabilidades quando crescem?

Desenvolva a capacidade de expressão verbal das crianças e continue sua discussão sobre responsabilidade usando as seguintes palavras ao longo do dia:

confiável	poderem contar com você
atos	deveres
responder por alguma coisa	julgamento
escolhas	responsabilidade
tarefas	merecer a confiança dos outros

Responsabilidade

Atividades para a sala de aula

Para crianças de todas as idades

■ Quando as crianças chegarem à escola, peça-lhes para pensarem sobre o seu dia e fazerem um desenho das coisas que pretendem fazer.

■ Mantenha plantas ou animais de estimação na sala de aula e faça o possível para que todos participem da responsabilidade de cuidar deles. Pode até mesmo programar cuidados para o fim de semana, atribuindo a responsabilidade a uma criança de cada vez.

■ Mantenha na classe um gráfico para ajudar na execução dessa tarefa e distribua as responsabilidades pela classe por turnos.

Anotações	
Nomes	Tarefas
Daniel	Molhar as plantas.
Érica	Coletar material reciclável.
Lúcia	Dar comida à tartaruga.
Pablo	Limpar os potes de tinta.
Flora	Liderar o canto na hora da música.

- Brinquem de "Quem roubou o biscoito da lata?"

    Coro: Quem roubou o biscoito da lata?
            (Nome) roubou o biscoito da lata.
    Nome: Quem, eu?
    Coro: Sim, você!
    Nome: Eu não!
    Coro: Então quem?
    Nome: (Novo nome) roubou o biscoito da lata.

    Repita.

Converse sobre responsabilidade pelos próprios atos. Por que jogamos a culpa em outra pessoa?

- Proponha à classe encenar uma peça ou fazer um espetáculo de marionetes. Atribua uma responsabilidade a cada criança. Depois da apresentação, converse sobre o fato de toda produção bem sucedida precisar que cada um seja responsável pelo trabalho que lhe foi atribuído. Ser responsável significa que os outros podem contar com você, pois você vai fazer a sua parte.

Responsabilidade

■ Discuta as responsabilidades de sua profissão com as crianças. Peça-lhes ajuda sempre que possível (como fazer a chamada na sala de aula).

Atividades para crianças mais velhas

■ Proponha projetos colaborativos. Por exemplo, você pode pedir a grupos de quatro crianças para fazerem um relatório sobre um rio importante de sua região. Atribua a cada membro do grupo uma responsabilidade. Um deles deve ser o redator, outro o pesquisador, outro o responsável pelos materiais coletados e o outro, o repórter.

■ Incentive as crianças a fazerem um *brainstorming* para criar uma lista de maneiras de assumir responsabilidade pela aparência de sua escola e sua imagem perante a comunidade. Convide-as a assumir as responsabilidades da lista que fizeram e a definir formas de distribuir as tarefas.

■ Quando as crianças começarem a praticar esportes coletivos, ensine-as a praticá-los como grupo. Os times são uma forma excelente para elas internalizarem o conceito de responsabilidades individuais que contribuem para o bem do todo. Por exemplo, num jogo de futebol, o time pode planejar uma estratégia mas ela só será posta em prática se todos assumirem a responsabilidade pela parte que lhe for atribuída.

O trabalho com a família: ideias para usar em casa

Atividades para crianças de todas as idades

■   Reserve algum tempo para ensinar seus filhos a assumir responsabilidades em atividades da família e depois verifique se lhes permite realmente fazer a sua parte.

■   Faça desenhos que ilustrem os objetos que as crianças precisam trazer de volta para casa (suéter, lancheira, brinquedo). Incentive-as a consultar sua lista antes de deixar a escola para terem certeza de que estão com todos os objetos na mochila.

■ Use um gráfico para registrar as responsabilidades dos membros da família. Mostre a seus filhos a contribuição que deram para o bom funcionamento. Aumente as responsabilidades de acordo com o desenvolvimento e o amadurecimento das crianças.

Responsabilidades	Mamãe	Papai	Alex	Mari	Dani
Pôr a mesa					x
Tirar a mesa				x	
Separar roupas sujas	x	x	x	x	x
Arrumar a cama		x	x	x	x
Escovar os dentes	x	x	x	x	x
Varrer o chão			x		
Pôr as roupas na máquina de lavar			x		
Pôr o lixo para fora	x				

■ Tenha plantas e animais de estimação em casa. Envolva as crianças nos cuidados com eles.

■ Dê exemplos de responsabilidade. Se você combinou ir a um determinado lugar – não deixe de ir. Se é membro de um clube cívico, seja um membro responsável. Se alguém lhe pediu para cuidar de algo – cuide. Como sugerimos no capítulo sobre compromisso, termine tudo aquilo que começar.

■ Seja um modelo de responsabilidade para a comunidade. Por exemplo, vote, doe sangue, participe das reuniões da associação do seu bairro e das instituições locais de prestação de serviços.

■ Preste atenção ao que você diz sobre seus filhos e evite usar rótulos. As crianças têm a tendência de agir de acordo com as suas expectativas (para bem e para mal). Não é raro ouvir frases do tipo, "Ela é preguiçosa como o pai" ou "Ele é tão irresponsável quanto o irmão". Declarações desse tipo podem causar danos irreparáveis tanto à autoestima da criança quanto a seu objetivo de promover a responsabilidade em seus filhos.

Atividades para crianças mais velhas

■ À medida que as crianças se desenvolvem e amadurecem, envolva-as em atividades da família que exijam mais responsabilidade, como planejar o cardápio do jantar ou ajudar a planejar as férias.

■ Quando as crianças tiverem idade suficiente para receber mesada, ensine-as a economizar e gastar com sabedoria. Administrar dinheiro e ser responsável vai representar uma parte importante de sua vida.

■ Ajude as crianças a entenderem que seus atos têm consequências. Se esqueceram de materiais ou objetos que precisam na escola, não corra à loja de noite para comprar novos. Se elas esperam até o último minuto para fazer os deveres de casa, não faça o trabalho por elas, não desculpe e não as livre de situações embaraçosas.

■ Quando as crianças começarem um projeto ou assumirem um compromisso, verifique se vão até ao final. Não mostre simpatia quando elas se cansarem da ideia ou assumirem mais do que dão conta de fazer. Pessoas responsáveis terminam o que começaram. Pelo mesmo motivo, não deixe de elogiar as crianças quando elas fizerem um esforço extra.

■ Incentive a participação em esportes coletivos. Veja como elas desempenham seus papéis individuais para contribuir para o êxito final do time. Observar as responsabilidades específicas de cada jogador num time é uma forma excelente de ver com o que cada um deles contribui.

■ Envolva seu filho nas atividades cotidianas da família.

Livros para curtir com as crianças

Leia livros que ilustrem e incentivem a responsabilidade. Procure em sua biblioteca pública ou livraria local alguns daqueles sugeridos aqui. Cada um deles oferece oportunidades de discutir os resultados de ser responsável e digno de confiança.

As crianças da água, Angèle Delaunois
O reino encantado, Guido Visconti
O torcedor verde-amarelo, Zoé Rios
O rei do vou fazer, Sonia Salerno Forjaz
A revolta dos guarda-chuvas, Sidónio Muralha

Tolerância

O que é Tolerância?

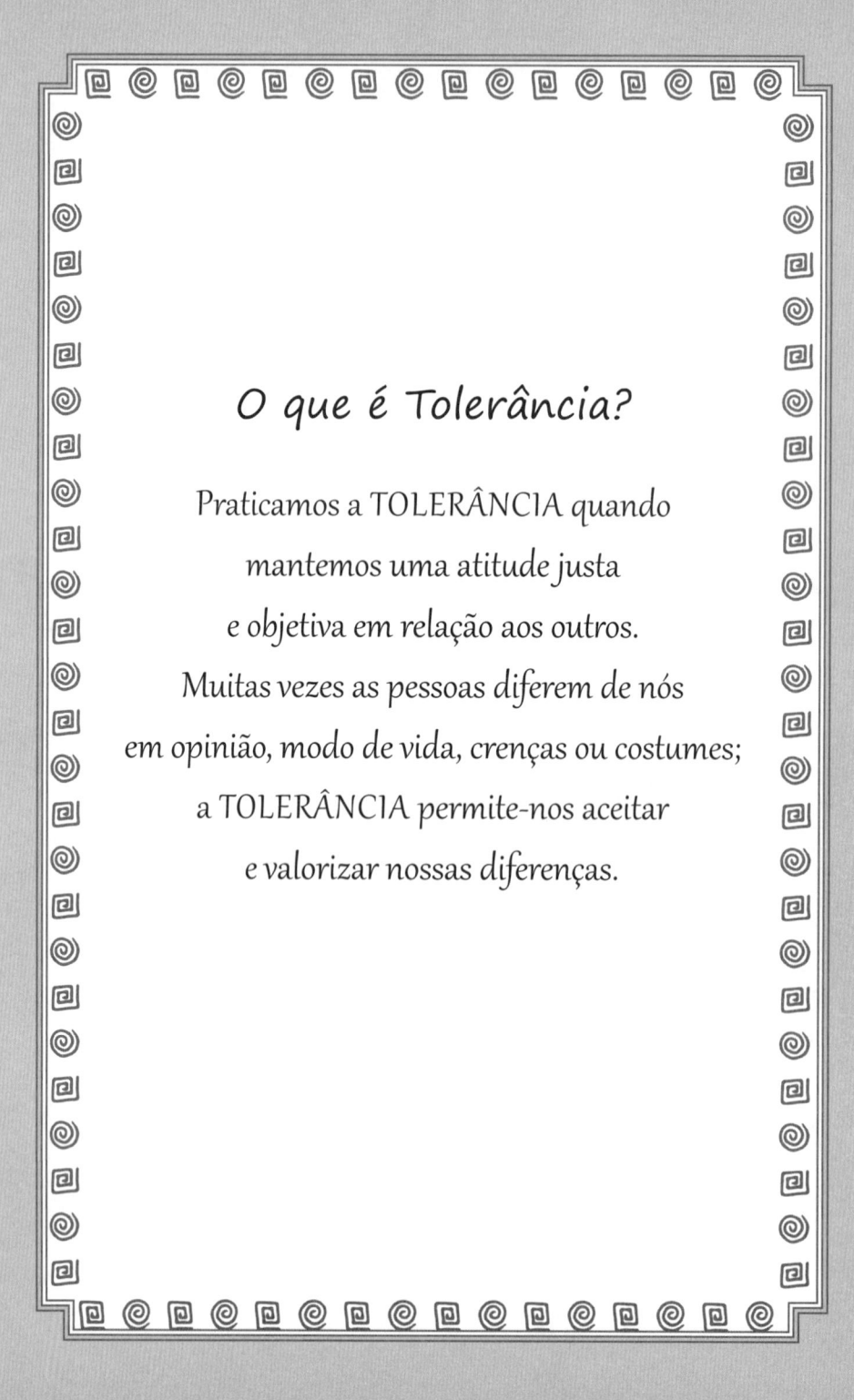

Praticamos a TOLERÂNCIA quando
mantemos uma atitude justa
e objetiva em relação aos outros.
Muitas vezes as pessoas diferem de nós
em opinião, modo de vida, crenças ou costumes;
a TOLERÂNCIA permite-nos aceitar
e valorizar nossas diferenças.

Por quê a Tolerância é importante? Coisas para os adultos pensarem

■ Durante as décadas de 1960 e 1970, a sociedade em geral concentrou-se no individualismo, no afastamento das práticas e crenças estabelecidas, em fazer o que tinha vontade. Em retrospectiva, essa celebração do individualismo pode ter oferecido um terreno fértil para sentimentos crescentes de superioridade. Cortar as amarras para tomar outra direção costuma ser o resultado de acreditar que essa nova direção é melhor. Às vezes, temos vínculos emocionais fortes com nosso ponto de vista. A tolerância consiste em manter suas crenças e respeitar sem julgamento as crenças dos outros, mesmo que sejam diferentes das nossas.

Pense numa característica sua ou ponto de vista que sente ser algo "fora da regra". Você tem orgulho dessa característica ou ponto de vista? E o que dizer dos outros que talvez tenham um ponto de vista ou abordagem mais tradicional? Como se sente frente a uma perspectiva diferente da sua?

■ A visão das crianças sobre o que é certo é fixada no começo da adolescência. Segundo alguns especialistas, ela é definida aos 12 anos e consolidada aos 21. Se as crianças crescem com uma visão limitada das possibilidades, sua definição de práticas aceitáveis vai ser estreita.

Como você comemora as festas especiais – Natal, o Dia de Ano Novo etc., em sua família? Por exemplo, se você comemora o Natal, abre os presentes na véspera do Natal ou na manhã seguinte? Serve peru ou presunto? Faz a refeição de Natal ao meio-dia ou à noite?

Reuniões de família ligadas a tradições têm tendência de se vincular a pontos vista rígidos sobre o que é certo. O que vai acontecer quando os filhos crescerem e se casarem e tiverem de enfrentar a necessidade de se adaptar ou integrar tradições que podem ser muito diferentes daquelas que comemoraram no passado?

■ A tolerância requer administrar as capacidades, principalmente quando encontramos alguém com valores ou pontos de vista conflitantes com os nossos e que têm implicações emocionais de peso, como no caso da política e da religião. Para sermos tolerantes, precisamos saber controlar nossas emoções.

Quando você acha que as pessoas formam suas opiniões de questões como direitos dos animais, bem-estar social ou pena de morte? Que emoções podem estar envolvidas? Como poderiam mudar suas opiniões com o passar do tempo?

■ As crianças nascem sem preferências e sem preconceitos. Seus pontos de vista e respeito por outros pontos de vista vêm da família e da sociedade em que estão inseridas. Os pais são os primeiros mestres. Os pais e os professores têm uma influência profunda sobre as atitudes e crenças das crianças.

Examine suas preferências e preconceitos. Pense em maneiras de reduzir conscientemente qualquer influência negativa sobre as atitudes das crianças à sua volta.

■ O Brasil é, sem dúvida, uma sociedade multicultural. A maioria de nós tem contato diário com pessoas de outras raças, gênero, idade, religião e assim por diante. Nossos estereótipos, preconceitos e preferências, tanto positivos quanto negativos, são questionados constantemente.

As pessoas classificam você de acordo com seus próprios preconceitos e estereótipos? Essas classificações são acuradas? Você pode ser "generalizado"? Alguma vez errou ao avaliar alguém porque baseou sua impressão inicial num preconceito ou estereótipo?

■ Nossos comportamentos individuais incentivam a diversidade e tornam a vida mais interessante. A vida seria um tédio se todos os nossos amigos fossem iguais. Não existiria mais de um partido político se todos pensássemos da mesma forma. Ouvir os pontos de vista dos outros amplia os nossos.

Pense em três ou quatro amigos. Que características são exclusivas de cada um deles?

Conversas com as crianças sobre Tolerância

A tolerância é um valor que precisamos cultivar? Converse com as crianças sobre as perguntas abaixo e veja o que elas pensam.

■ Pense a respeito de alguma coisa que você faz, ou em que acredita, que é diferente do que seus amigos fazem ou acreditam. O que ser diferente faz você sentir?

■ Alguém já zombou de você por você ser diferente? Como se sentiu?

Você já viu um amigo zombar de outro que era diferente, da mesma forma que você? O que você fez?

■ Desenvolva a capacidade de expressão verbal das crianças e continue sua discussão sobre tolerância usando as seguintes palavras ao longo do dia:

aceitação	conflito	multicultural	compreensão
crenças	diferenças	preconceito	
costumes	justiça	tolerância	

Atividades para a sala de aula

Atividades com crianças de todas as idades

■ Discuta os sentimentos dos personagens das histórias que você lê na sala de aula.

■ Quando as crianças brigam, ajude-as a identificar seus sentimentos e a tentar imaginar os sentimentos da outra criança. A tolerância começa quando nos colocamos no lugar do outro.

> *Experimente fazer um Círculo da Paz. Convide duas crianças envolvidas numa briga a explicar, uma de cada vez, o seu ponto de vista, e depois, a tentar compreender o ponto de vista da outra criança. Peça a cada uma delas para sugerir uma solução. As outras crianças podem servir de mediadoras, se necessário. Um Círculo da Paz permite que todos lucrem ao se envolverem no processo de procurar uma solução para uma briga.*

■ Leia um livro que ofereça a oportunidade de olhar para alguma coisa de outra perspectiva.

■ Incorpore atividades de sala de aula que se concentrem na identificação de semelhanças e diferenças. Por exemplo, pergunte quantas crianças já perderam um dente, quantas gostam de melancia, quantas falam mais de uma língua, quantas nasceram em setembro, quantas estão usando vermelho.

■ Durante as comemorações de festas tradicionais, incentive as crianças a descrever os rituais que praticam em casa. Chame a atenção para a multiplicidade de formas de comemorar a mesma festa e a liberdade de escolha envolvida no fato de comemorá-la ou não.

■ Ofereça variedade em tudo aquilo que faz – lanches, histórias, métodos de pintura, viagens de campo, decorações da sala de aula e música. Estimule-as a fazerem coisas novas e a assumirem novos papéis. Quanto mais experiências elas puderem vivenciar, mais ampla se tornará a sua visão de mundo.

■ Encha a sala de aula de materiais que reflitam a diversidade. Por exemplo, use cartazes que reflitam a variedade dos tipos de famílias e evite estereótipos que vinculem gênero e profissão. Exponha uma grande variedade de bonecas étnicas na sala de brinquedos. Escolha livros que mostrem equilíbrio na representação étnica, na autoria, nos papéis de gênero e nas configurações familiares.

■ Peça às crianças para tomarem seu lanche com um colega de vez em quando. Isso oferece oportunidades para elas entrarem em contato com muitas personalidades diferentes e, talvez, até com costumes diferentes.

■ Faça um gráfico com personagens de histórias. Quantos protagonistas são homens? Quantos são mulheres? Quantos são pessoas de cor? Quantos têm problemas físicos? Quantos representam alguma minoria? Converse sobre suas descobertas no fim de uma semana ou de um mês. O que as crianças perceberam?

PERSONAGENS DE HISTÓRIAS				
História	Protagonista	Homem	Mulher	Outras características

■ Escolha uma história tradicional e leia versões de diferentes culturas. Por exemplo *O Chapeuzinho Vermelho* também é conhecido como Lon Po Po; *Joãozinho e Maria* também são conhecidos como Hans e Gretchen. Converse sobre as semelhanças e diferenças entre as diferentes versões de cada história. A pessoa responsável por sua biblioteca local pode ajudar você a localizar as histórias.

Atividades para crianças mais velhas

■ Peça às crianças para procurarem pessoas de outros países com quem possam se corresponder. Ajude-as a identificar semelhanças e diferenças nos costumes.

■ Brinque com um jogo familiar de formas diferentes, como amarelinha, cinco-marias ou damas. Discuta a diversão que a diversidade acrescenta às brincadeiras.

■ Antes de brincar com jogos competitivos, ajude as crianças a entender o espírito esportivo associado à perda. Discuta os jogos como uma das muitas atividades que costumam ser mais divertidas no meio, do que antes ou depois. Aprender a perder faz parte de aprender a ser tolerante.

O trabalho com a família: ideias para usar em casa

Atividades para crianças de todas as idades

■ Procure fazer seu filho entender que a diversidade nos proporciona vidas mais interessantes. Converse sobre as maneiras pelas quais você e sua família incorporaram aspectos de outras culturas à sua vida. Que comidas diferentes você come? De quantos tipos de música você gosta? E as suas roupas? Seu vocabulário? Que outro tipo de coisas você aprendeu ou tomou emprestado de outras culturas?

■ Dê às crianças oportunidades de interagirem com um grupo de crianças de outra cultura. Pode ser uma boa ideia matriculá-las numa aula de dança ou em atividades de ginástica numa área da cidade onde exista uma mistura étnica diferente da área em que você vive.

■ Viaje o máximo possível e use a oportunidade para ajudar as crianças a perceberem as semelhanças e as diferenças das diversas regiões. Mantenha as discussões isentas de preconceitos.

■ Assista televisão com seus filhos. Ajude-os a identificar situações estereotipadas em termos raciais, étnicos e outros nos comerciais e nos programas. Há muitas.

■ Seja um bom exemplo. À medida que as crianças absorvem seus valores e tradições, ajude-as a perceber que as outras pessoas podem ter valores e tradições diferentes, e isso não significa que estejam erradas. Evite fazer julgamentos sobre peso, gênero, princípios religiosos, cor da pele ou maneira de vestir que façam as características dos outros parecerem indesejáveis.

■ Pesquise a origem do nome de seus filhos. Ele foi transmitido de uma geração para outra, ou seu filho é o primeiro a ter esse nome em sua família? Você pode se surpreender com sua origem cultural.

■ Deixe seus filhos verem você participando de atividades que não fazem parte dos papéis tradicionais de gênero. Por exemplo, os homens podem cuidar do bebê ou lavar a louça. As mulheres podem lavar o carro ou usar ferramentas elétricas. Incentive seus filhos a irem além dos papéis tradicionais de gênero em sua maneira de pensar e agir.

Atividades para crianças mais velhas

■ Apresente atividades que protejam os direitos dos outros, como os direitos dos animais, os direitos da criança ou os direitos dos idosos.

■ Seja honesto. Quando você expõe uma de suas preferências ou preconceitos, reconheça sua existência e discuta-os com seus filhos.

Livros para curtir com as crianças

Leia livros que ilustrem e incentivem a tolerância. Procure em sua biblioteca pública ou livraria local alguns daqueles sugeridos aqui. Cada um deles oferece oportunidades de discutir os resultados de estar aberto para os outros.

O anel mágico (Reconto Indiano), Sonia Salerno Forjaz
Búkolla, a vaca encantada (Reconto Viking), Sonia Salerno Forjaz
Os dez gigantes (Reconto Africano), Cristina Lavrador Alves
A princesa sapo (Reconto Russo), Sonia Salerno Forjaz
Somos todos igualzinhos, Bartolomeu Campos de Queirós
Nós, Eva Furnari
Ciúme em céu azul, Joel Rufino dos Santos

LEIA TAMBÉM DA EDITORA GROUND

100 Jogos Cooperativos
eu coopero, eu me divirto
Christine Fortin

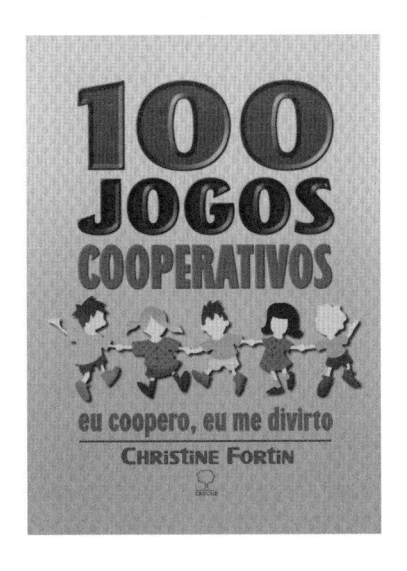

Todas as crianças brincam e todos os adultos já foram crianças. Esta máxima descreve a necessidade social e individual de jogar e brincar.

Por seu lado, os jogos cooperativos favorecem o trabalho de equipe, a harmonia e a colaboração, estimulando a partilha. Estes valores se opõem a outros privilegiados por nossa sociedade como a competição, o desempenho, o melhor resultado e o elitismo.

A partir deste livro, os valores cooperativos podem ser aplicados nas atividades escolares e de recreação, assim como em todas as atividades de lazer. Com mais de uma centena de jogos, adaptáveis de acordo com o local, perfil e número de participantes, a sua prática oferece a possibilidade de repensar nosso posicionamento sobre a atividade física, o jogo e mesmo sobre a vida, por seu fundamento de participação de todos e o êxito coletivo, levando um novo olhar para a construção de uma sociedade mais consciente, harmoniosa e humana.

Brincadeiras para relaxar
Atividades para crianças de 5 a 12 anos
Micheline Nadeau

Por meio de brincadeiras para relaxar divertidas e eficazes (todas planejadas para períodos de tempo que variam de 3 a 7 minutos), você pode ensinar às crianças, e sobretudo fazê-las sentir, os efeitos benéficos do relaxamento, já comprovados em inúmeros estudos específicos – como a tranquilidade, a facilidade de concentração, o aumento da memória, a sensação de segurança, o equilíbrio, a autoconfiança, a perseverança, a paciência, a criatividade e, especialmente, o prazer de viver.

Este livro, cujo conteúdo abrange desde sugestões para o planejamento das atividades e instruções claras e ilustradas para cada brincadeira a estratégias e técnicas de embasamento – pode ser usado pelos pais e por profissionais da área de ensino e esportes, assim como por todos aqueles que cuidam de crianças e jovens.

Contos para curar e crescer
Alegorias terapêuticas
Michel Dufour

Michel Dufour desenvolveu as alegorias terapêuticas como um novo método de intervenção em pedagogia e educação. Ele explica com detalhes como funciona uma alegoria (representação visual de uma ideia ou conceito), que permite ver o problema sob uma nova perspectiva dirigindo-se ao inconsciente emocional antes de chegar ao consciente, e cuja finalidade é, principalmente, informar, educar, curar e fazer crescer. No começo de cada história o autor especifica o problema que ela aborda e propõe que pais, professores e terapeutas se transformem em contadores de histórias.

Ao longo dos exemplos apresentados encontramos com facilidade contos que abordam falta de concentração, isolamento, autoconfiança, luto, envelhecimento, medo, obesidade, tiques, incesto etc. As alegorias são curtas: de uma a três páginas. Algumas são mais realistas mas a maior parte se aproxima dos contos de fadas. Há personagens fantásticos e animais que vivem problemas bastante humanos.

Ginástica doce e yoga para crianças
Método La Douce
Claude Cabrol e Paul Raymond

Programa completo de Ginástica Doce e Yoga para crianças. O método integrado apresentado neste livro é uma bem-sucedida união de exercícios de ginástica suave e de yoga, que acalmam, tranquilizam e simultaneamente despertam a criança para o mundo que a rodeia, ajudando-a a superar os seus problemas, pois, em geral, o sistema educativo se preocupa mais com o "saber" do que com a criança em si.

Fácil de seguir, propõe uma variedade de exercícios divertidos, especialmente elaborados para crianças de 3 a 9 anos e é resultado de uma experiência de trabalho pensado e vivido com entusiasmo por um terapeuta corporal cinético, especialista em RPG, osteopata e sofrologista, e uma professora, Conselheira Pedagógica de importante Escola Normal na França. Constitui uma ferramenta inestimável para pais e professores que se preocupam com o desenvolvimento da criança.

Do-In para crianças
Juracy Cançado

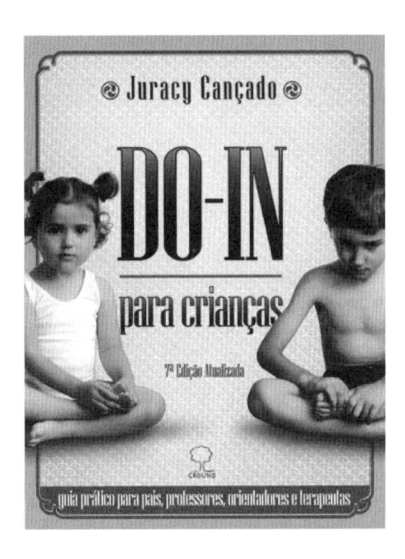

O Do-In é uma técnica milenar chinesa que previne e cura comprovadamente diversos distúrbios e doenças.

Este livro é essencialmente voltado para a criança. Ele ensina a localização dos centros de energia do corpo, conscientizando a criança de que ela também pode se ajudar na lida com as adversidades.

Aos adultos – pais, educadores ou terapeutas – cabe facilitar o acesso a esse vasto potencial de autocura, demonstrando, na prática, que a solução para os nossos problemas muitas vezes encontra-se literalmente em nossas mãos.

Massagem pediátrica chinesa
Técnicas e protocolos para tratamento de doenças infantis e problemas crônicos de saúde
Kyle Cline

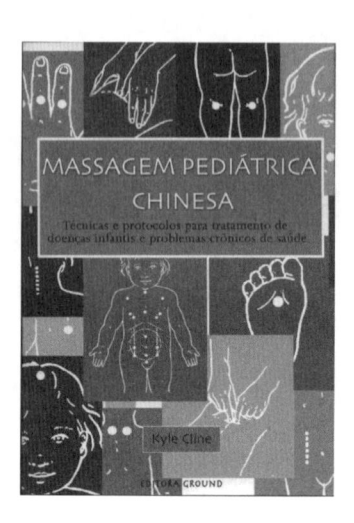

    A massagem pediátrica chinesa, uma alternativa não-invasiva à medicina convencional do Ocidente, tem menos efeitos colaterais do que as outras formas de tratamento, o que a torna mais tolerável para as crianças, mais fácil para mães e pais e mais eficaz para melhorar a saúde dos pequenos pacientes a longo prazo.
    Este guia, repleto de ilustrações, pretende dar a todos os profissionais da saúde – terapeutas corporais, acupunturistas, naturopatas, quiropatas, homeopatas – as ferramentas e o conhecimento de que precisam para usar bem a massagem pediátrica chinesa no tratamento de seus pacientes.

Mandalas ecológicas para crianças
Niky Venâncio

A forma circular é um símbolo chamado arquétipo, uma imagem ancestral que faz parte do nosso subconsciente coletivo, a humanidade, e que rege a ordem interior da natureza. O psicólogo suíço Carl Gustav Jung estudou exaustivamente o efeito curativo das imagens circulares na alma. Confirmou que pintar mandalas tranquiliza e acalma as pessoas saudáveis e doentes.

- Pintar mandalas aumenta a concentração das crianças, melhora o seu estado de ânimo e produz uma sensação de êxito.
- Pesquisas atuais confirmam que, em estado de relaxamento, o cérebro da criança é estimulado para a alegria e o bem-estar.
- Pintar mandalas une criativamente saber antigo e psicoterapia contribuindo para tornar as crianças mais felizes.

Brincando com o yoga
(Acompanha um poster colorido com todas as posturas)
Elisabetta Furlan

Neste livro, as técnicas do Yoga são apresentadas à criança com graça e humor, mostrando sua relação com posturas de animais. Quando a criança vê o simbolismo ilustrado, as práticas inerentes ao controle e ao desenvolvimento do corpo se mostram bastante divertidas.

Pela simplicidade e clareza do método didático, este livro pode ser usado por crianças de 3 a 10 anos, sozinhas ou acompanhadas por adultos, pais ou professores.

125 Brincadeiras para estimular o cérebro do seu bebê
Jackie Silberg

Com base nas pesquisas mais recentes sobre a maneira pela qual as crianças aprendem, *125 Brincadeiras para estimular o cérebro do seu bebê* contém uma série de interações divertidas para desenvolver a capacidade cerebral dos bebês. Toda brincadeira e toda experiência sensorial apresentada inclui uma anotação sobre a pesquisa cerebral mais recente e sobre a forma como a atividade promove o desenvolvimento cerebral dos bebês.

125 Brincadeiras para estimular o cérebro da criança de 1 a 3 anos
Jackie Silberg

Continuação natural do 1º volume (*125 Brincadeiras para estimular o cérebro do seu bebê*) este livro ajuda a despertar o cérebro das crianças pequenas com brincadeiras educativas. Seja cantando, dançando, abraçando, embalando, conversando, cheirando ou sentindo o gosto, pais e educadores vão encontrar aqui as atividades que fortalecem os circuitos dos cérebros dos pequenos, todas baseadas nas últimas pesquisas sobre a forma como as crianças aprendem.